SIEGRID REINELT

RECYCLING-TASCHEN

aus Kleidung genäht

OZ creativ

Liebe Taschenfans,

Nähen ist meine Leidenschaft. Vor einigen Jahren habe ich das Nähen von Taschen aller Art zu meinem Beruf gemacht. Ich finde es immer wieder spannend, aus alten, lieb gewonnenen Kleidungsstücken meiner Kundinnen und Kunden eine Tasche mit ihrer ganz persönlichen Geschichte zu nähen. Die schon vorhandenen Formen des Kleidungsstücks auszunutzen oder Details, wie zum Beispiel Hosentaschen, oder besonderen Materialien eine völlig neue Funktion zu geben, ist dabei jedes Mal eine Herausforderung. Meine Anleitungen sollen Lust auf eigene Ideen und Kombinationen machen. Unterschiedliche Größen, Farben und Ausgangsstoffe der zu verarbeitenden Kleidungsstücke erfordern vielleicht etwas Mut. Die Arbeit lohnt sich aber, denn so entsteht Ihr persönliches, einmaliges Werk. Es gibt vieles, aus dem eine Tasche werden kann! Die Ausstrahlung des Kleidungsstücks bestimmt auch die besondere Note der Tasche.
Mit diesem Buch möchte ich meine Begeisterung mit Ihnen teilen und Sie anregen, alte Stücke zu neuen Taschenmodellen zu verarbeiten.

Wenn Sie mehr über mich und meine Taschen erfahren möchten, dann schauen Sie unter:
www.vaeska.de/blog

Viel Freude beim Nähen einer Tasche mit Ihrer Geschichte!

Siegrid Reinelt

Inhalt

Schwierigkeitsgrade der Modelle

■ = einfach und schnell
■■ = mit geringem Aufwand
■■■ = etwas aufwendiger

Material und Technik

Recycling-Upcycling

Taschen sind einfach etwas Wunderbares! Darin lassen sich nicht nur geschützt vor Nässe und Schmutz viele Dinge transportieren – sie sind auch ein schönes Accessoire, das die Garderobe bereichert.
Für das Selbernähen einer Tasche gibt es viele Gründe. Farbe und Größe können den eigenen Wünschen und Tragegriff- und Trägerlänge den persönlichen Maßen angepasst werden. In einer Tasche, bei der das Innere nach den eigenen Bedürfnissen gestaltet ist, finden das Portemonnaie, das Ausweismäppchen oder das Handy ihren Platz in der entsprechenden Innentasche.

Kleidungsstücke, die nicht mehr getragen werden, finden sich in jedem Haushalt, aber tolle Dinge gibt es auch auf Floh- und, Kinderkleidermärkten, in Secondhandläden und bei Arbeitsloseninitiativen. Aus vorhandenen Stücken etwas Neues zu nähen, ist Upcycling, das heißt Unbrauchbarem einen neuen Zweck zu geben. Das genaue Betrachten eines Kleidungsstücks und das Auftrennen bringen zum Vorschein, wie und mit welchen Materialien genäht wurde. Die Nähte lassen erkennen, welche Teile zuerst zusammengefügt, welche Stellen mit Bändern und Einlagen verstärkt wurden. Besonders interessant sind Kleidungsstücke aus Zeiten, in denen es noch keine Kunstfasern gab. Mäntel wurden z. B. mit groben Webstoffen oder Flanell stabilisiert.

Vorbereiten der „Zutaten"

1. Vorwaschen: Alle Stoffe und Kleidungsstücke sollten vor der Verarbeitung gewaschen werden. Bei Schnittkanten an gröberen Stoffen wie Jeans, Cord oder Leinen verhindert das Versäubern mit Zickzackstich das Ausfransen bei der Maschinenwäsche.
2. Auswahl: Alle Ausgangsmaterialien nebeneinanderlegen und bei gutem Licht von Weitem daraufschauen. So ist gut zu sehen, ob die Farben zusammenpassen.

Auch die Garnfarben so vor dem Nähen auswählen.
Beim Nähen einer Tasche ist es wichtig, robuste und lichtechte Stoffe von guter Qualität zu wählen, damit sie haltbar ist und in Form und Farbe gleich bleibt. An stark beanspruchten Stellen der Tasche möglichst dunkle Farben verwenden.
Es ist nicht schwer, einen Schnitt zu verändern. Ist ein Teil zu klein, kann es auch mit ähnlichen Stoffen ergänzt werden, zusätzliche Steppnähte können dekorativ sein!

3. Nähte auftrennen: Es lohnt sich, einen scharfen Nahttrenner anzuschaffen. Ziernähte können evtl. für die Tasche weiterverwendet werden, die Anleitung vorher genau durchdenken! Einfache Nähte lösen sich durch das Ziehen am unteren Faden, denn oft ist die Fadenspannung stärker und der Unterfaden lässt sich leichter herausziehen. Durch das Ziehen am richtigen Faden können manchmal auch gekettelte Nähte, z. B. bei Hosen, aufgeribbelt werden. Mit einer feinen Nadel vorsichtig probieren. Genäht wurde in eine Richtung, das Aufziehen funktioniert also auch nur von einem Nahtende, evtl. also das andere Ende der Naht suchen. Ich verwende auch gerne einen Rollschneider mit 2,8 cm Durchmesser, ein größerer funktioniert auch. Die Klinge mit der Feststellschraube fixieren. Jetzt die aufzutrennende Naht gespannt halten und direkt an der Naht schneiden. Behutsam arbeiten, damit nur in den Nähfaden geschnitten wird. Am besten an einem Probestück üben.

4. Ausbessern: Flecken oder Löcher können mit einer Brosche oder einem Zierknopf verdeckt werden. Auch ein zusätzlicher Zierstreifen oder ein Schrägband in passender Farbe macht sie unsichtbar. Der beschädigte Teil kann auch abgeschnitten und das Schnittteil mit einer zusätzlichen Steppnaht oder Spitze verziert werden. Löcher umsticken, das sieht schön aus (siehe Fotos oben rechts).

5. Stoff vorbereiten: Nach dem Auftrennen alle Fadenreste entfernen, Fransen abschneiden. Mit einer Fusselrolle Faden- und Staubreste stoffschonend abnehmen. Nahtlöcher und hartnäckige Nahtfalten mit Krauseminzewasser (aus der Apotheke, sparsam verwenden) einsprühen und mit passender Einstellung glatt bügeln. Die Stofffasern ziehen sich durch das ätherische Öl zusammen.

6. Schnittteile herstellen: Die benötigten Schnittteile abpausen oder kopieren, und entlang der Außenkontur exakt ausschneiden. Das Schnittteil wie angegeben auf Stoff/Vlies legen und den Umriss mit einem weichen Bleistift auf Stoff/Vlies übertragen. Bei Stoffteilen – anders als bei Vliesteilen – die angegebene Nahtzugabe zugeben, dann ausschneiden.

Material

Stoffe: Für Taschen sind viele Stoffe geeignet. Jeans oder Baumwollköper sind durch ihr Webmuster besonders stabil und strapazierfähig. Sehr haltbare Baumwollstoffe sind Patchworkstoffe, erkennbar an der Breite von 110 cm. Auch Leinen- oder Wollstoffe von guter Qualität haben eine gute Abriebfestigkeit.

Tabelle für die Verwendung von Garnen und Nadeln zum Nähen mit der Maschine:

Fadenstärke	Nadelstärke (mind.)
100	70
80	80
50	90
40	110
ab 30	nicht für Haushaltsmaschinen

Die Fadenstärke ist auf der Garnrolle zu finden, Angabe mit „No." oder „yds/ygs". Je höher die Zahl, desto dünner ist das Garn.

Tipp: Für unterschiedliche Stoffe werden spezielle Maschinennadeln benötigt. Für Baumwollwebstoffe Universalnadeln in verschiedenen Stärken, für Trikot- und Wollstoff eine Jerseynadel, für Jeansstoff eine Jeansnadel usw. Es ist nicht einfach, diese Nadeln auf die Schnelle zu unterscheiden. Nadeln verschiedener Firmen sind meist farblich am Schaft gekennzeichnet, fehlt diese Markierung, empfehle ich, sie mithilfe von Nagellack nachzuholen: keine Farbe für Universalnadeln, Orange für Jerseynadeln, Blau für Jeansnadeln und Braun für Ledernadeln.

Trageriemen: Synthetikgurtband ist sehr haltbar und unempfindlich. Es ist in vielen Breiten und Farben in Fachgeschäften, im Internet und im Baumarkt zu bekommen. Wichtig sind in der Größe passende Schnallen und Schlaufen. Die Schnittkanten von Synthetikgurtbändern können bei guter Belüftung geschmolzen werden, Naturfaserbänder sind mit Zickzackstich zu versäubern. Stoff lässt sich bequem und exakt mit Stanzband/Bundeinlage zum Aufbügeln verstärken und zu Riemen verarbeiten. Stabile Riemen können mit Hilfe von dünnen Schläuchen, Gummikordeln oder dicken Seilstücken hergestellt werden. Für den „Tunnel" eignet sich fester bzw. verstärkter Stoff, Lederimitat oder Leder. Gut geeignet ist ein ausrangierter Gürtel, der eine Verstellvorrichtung gleich mitbringt. Die Entscheidung fällt leichter, wenn die Außentasche fertiggenäht ist.

Verschlüsse: Auch hier gibt es viele Möglichkeiten: große Knöpfe mit Schlaufe, Klettband, Magnetverschluss oder eine Kordel zum Zuziehen. Beim Magnetverschluss sollten sich keine Magnetkarten in

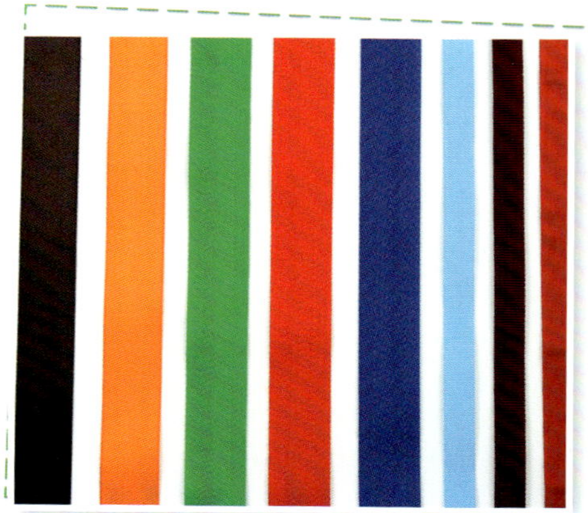

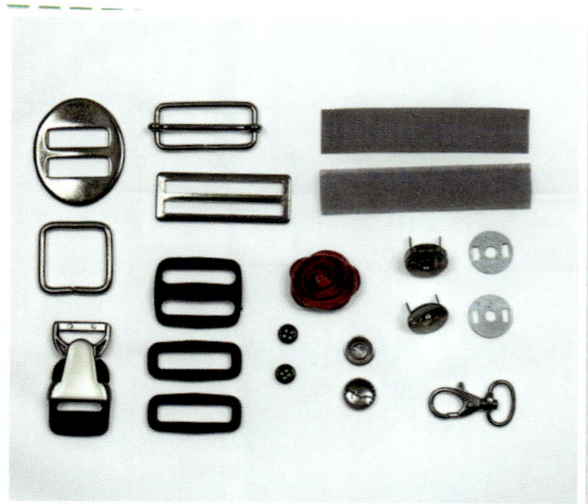

der Nähe befinden. Beim Anbringen des Magnetdruckknopfes darauf achten, dass der Stoff an der Stelle mit Vlies verstärkt ist und der Einschnitt in den Stoff nicht zu lang wird. Zusätzlich kann noch ein Tropfen Textilkleber beim Anbringen an die Enden der Schnitte gegeben werden.

Einlagen: Zum Verstärken gibt es verschieden starke Einlagen, es hängt von der Stoffdicke und von den eigenen Bedürfnissen ab, welche die ideale ist. Dünnes Verstärkungsvlies (z. B. Vlieseline H250) macht Webstoffe stabiler und strapazierfähiger. Volumenvliese (z. B. Vlieseline H630 oder H640) geben beim Absteppen einen dreidimensionalen Effekt, es gibt sie mit und ohne eine aufbügelbare Schicht. Speziell für die Taschenherstellung eignet sich verfestigtes Volumenvlies (z. B. Vlieseline Thermolam), es erhöht die Standfestigkeit, der Stoff bleibt aber weich und biegsam. Neu im Handel sind aufbügelbare feste Vliese (z. B. Vlieseline Decovil), bei denen sich Knicke, die beim Wenden der Tasche entstehen, wieder glatt bügeln lassen. Auch Stoffreste, Flanell- oder Frotteestoffe eignen sich, sie können mit Stepplinien oder Textilkleber am Stoff fixiert werden. Nach dem Aufbügeln von Vliesstoffen das Stück stets 10–20 Minuten ruhen lassen, damit sich die Haftung festigen kann.

Nahtzugaben: Wenn nicht anders angegeben, ist eine Nahtzugabe von 1 cm zu dazuzugeben.

Grundmaterial

- *Nähmaschine und zusätzliche Nähmaschinenfüße: für Reißverschluss, ggf. Kantennähfuß für knappkantige Steppnähte, Führungsstange oder Abstandhalter (praktisch für parallele Nähte)*
- *Nähmaschinennadeln in den Stärken 70–100, Jeans- und Jerseynadeln, ggf. Ledernadel, Stecknadeln*
- *Foldback-Klammern, Kreppklebeband*
- *Nähgarn, No. 120 (Allesnäher) und No. 50–80 (dickeres Steppgarn) je nach Modell*
- *Schneiderkreidestift, evtl. glatte Markierrolle ohne Zacken (z. B. zum Anzeichnen von Stepplinien)*
- *Stoffschere, Papierschere, Schnittpapier*
- *evtl. Rollschneider, Lineal und Schneidematte*
- *Teller, Zirkel oder Kurvenlineal*
- *Nahttrenner, Maßband, Bleistift, Fusselrolle*
- *Holzstab oder Essstäbchen (zum Ausformen von Ecken)*
- *Bügeleisen und -unterlage*

JEANS OBENAUF

Schultertasche

Jeansjacken erfreuten sich in den 1980er- und 1990er-Jahren großer Beliebtheit. Sie waren unverwüstlich. Fast jeder hatte eine – möglichst individuell gestaltet mit Buttons oder Aufnähern.

Größe 33 cm hoch, 32 cm breit, 4 cm tief, Trägerlänge ca. 65 cm **Vorlage** 1A–C auf Bogen A **Schwierigkeitsgrad** ■ ■

Material

- *Jeansjacke, hier Kindergröße 140*
- *35 cm Cordstoff*
- *25 cm Futterstoff, gemustert (für die Klappe)*
- *25 cm dünnes Vlies (z. B. Vlieseline H 250)*
- *35 cm Volumenvlies (z. B. Vlieseline H 640)*
- *2–3 m Schrägband zum Aufbügeln in Schwarz, 4 mm breit*
- *Stoffgürtel, hier 70–80 cm lang und 4 cm breit*
- *Nähgarn in Jeansblau, Schwarz und Steppnahtfarbe*
- *1,5 x 1,5 cm Klettband*
- *Magnetdruckknopf, 19 mm Durchmesser*
- *ca. 10 x 10 cm Vliesreste*
- *Grundmaterial (Seite 9)*
- *für das Schlüsselband: 15 cm Gummiband, Karabinerhaken*
- *für die Blütenbrosche: Jeansreste, Metallknopf, Broschennadel zum Annähen*

Vorbereiten

Schnittteile herstellen (Seite 7).
Alle Seitennähte, auch die Ärmelseitennaht, der Jacke auftrennen. Die Bündchen gerade durchschneiden. Den Kragen abtrennen.

Zuschneiden Taschenklappe

Die Jacke flach hinlegen. Im Schulterbereich eine ebene Fläche mit diagonalen Steppnähten auswählen. Dazu das Schnittteil 1A in die beste Lage schieben, mit Kreide markieren. Die Klappe großzügig 1-mal um das Schnittteil herum ausschneiden (siehe Skizze).
Für das Klappenfutter 1-mal Schnittteil 1A mit 1 cm Nahtzugabe aus Futterstoff und 1-mal ohne Nahtzugabe aus dünnem Verstärkungsvlies zuschneiden.

Nähen Taschenklappe

Das Klappenteil flach ausbreiten. Haben sich im Bereich des Ärmels Falten gebildet, diese feststecken und nah an der vorhandenen Steppnaht in Jeansfarbe abnähen. Die Klappenteile rechts auf rechts legen und an den offenen Außenkanten zusammennähen, dabei bleibt die Klappe an der Knopfleiste zunächst offen. Die Rundungen zurückschneiden und Schnittkanten versäubern. Im Bereich, wo der Magnetdruckknopf angebracht werden soll, die Hälfte des Vliesrests auf der linken Seite aufbügeln. Klappe wenden und die Kanten schmalkantig absteppen, die Nahtzugabe des Futters an der Knopfleiste wird eingeschlagen. Einen Teil des Magnetdruckknopfes anbringen, die offenen Kanten der Klappe mit Zickzackstich versäubern.

Zuschneiden Tasche

Für die Innentasche einen Streifen vom Vorderteil der Jacke 3–4 cm über der Jackentasche – einschließlich Knopfleiste und Bündchen – abschneiden (siehe Skizze).
Für das Taschenfutter aus Rückenteil und Ärmel das Schnittteil 1B 2-mal zuschneiden.
Für die Außentasche Schnittteil 1B 2-mal mit Nahtzugabe aus Cordstoff zuschneiden, dabei auf die Strichrichtung achten: nach oben gestrichen wirkt der Stoff dunkler, nach unten hat er mehr Glanz. Beide Teile in gleicher Richtung zuschneiden.
Für die Einlage Schnittteil 1B 2-mal ohne Nahtzugabe aus Vlies ausschneiden.

Nähen Tasche

Die Taschenteile aus Cordstoff rundherum mit Zickzackstich versäubern. Das Vlies auf die linke Seite des Cordstoffs bügeln. Schrägbandstreifen in geschwungenen Linien auf den Cordstoff bügeln, dazu mit einem Tuch abdecken. Mit zwei Ziernähten in Schwarz das Band knappkantig festnähen. Vorder- und Rückseite rechts auf

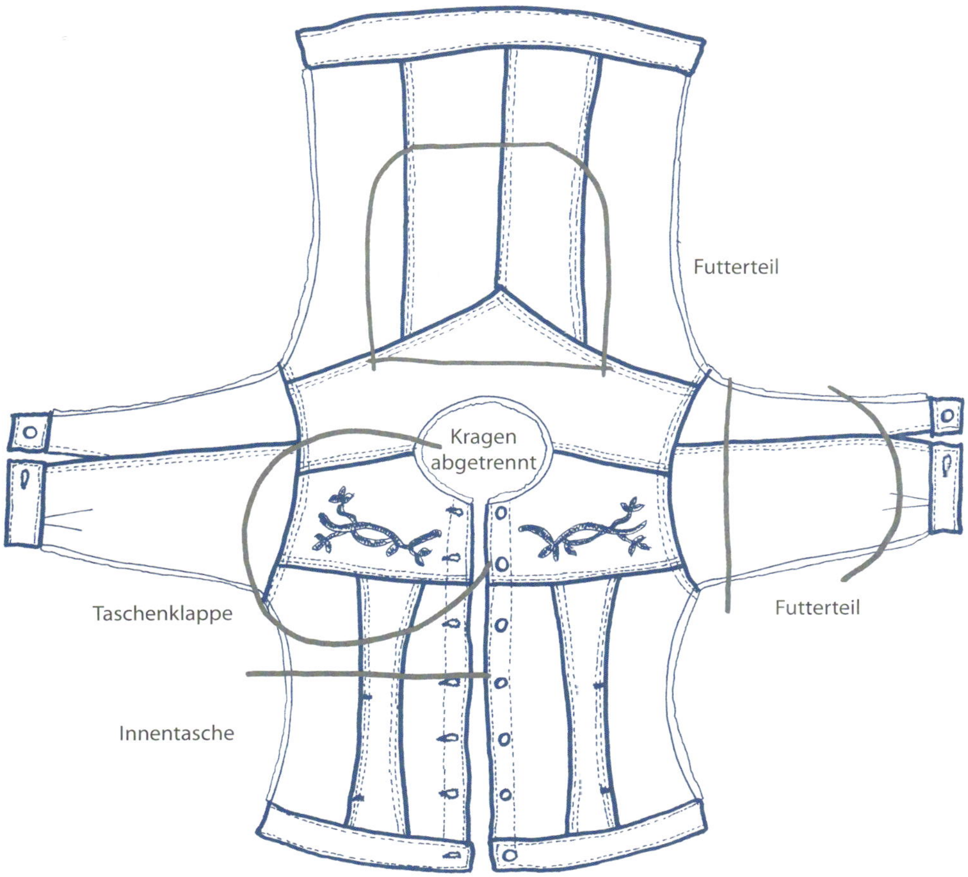

Innentasche

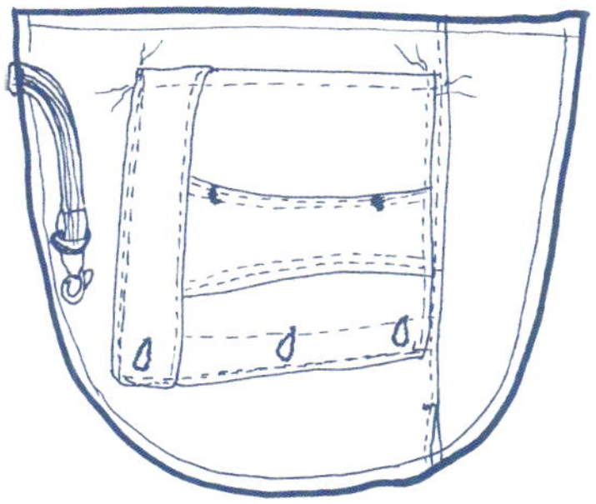

rechts mit doppelter Naht zusammennähen. Die Klappe rechts auf rechts an die Rückseitenoberkante nähen. Für den Träger den Gürtel ca. 10 cm von der Schnallenseite entfernt durchschneiden, Enden versäubern. Das kurze Stück auf der rechten, das lange auf der linken Seite mit ca. 1,5–2 cm Überstand, mittig im Seitennahtbereich mehrfach annähen. Im Bereich der Position des Druckknopfs den Cordstoff von links mit dem zweiten Vliesreststück verstärken.

Das Jackenstück für die Innentasche an den offenen Kanten versäubern, einschlagen und umnähen. Taschenbeutel laut Skizze drehen und unterhalb des Saumes das Flauschstück des Klettbands annähen. An der entsprechenden Stelle auf das Futterteil das Hakenstück nähen. Nun die Innentasche auf der Futterrückseite platzieren und aufnähen.
Das Gummiband mit elastischem Zierstich verschönern. Die Futterteile rechts auf rechts legen, das Gummiband dazwischen, ein Ende bündig mit den Nahtzugaben, so wird es beim Nähen mitgefasst. Den Karabinerhaken an das andere Gummibandende nähen. Zusammennähen, dabei seitlich eine Wendeöffnung von ca. 12 cm offen lassen.

Fertigstellen

Futtertasche auf rechts gedreht in die Außentasche, die auf links gedreht ist, stecken und an der oberen Kante zusammennähen. Tasche wenden. Durch Probieren die genaue Position des zweiten Druckknopfteils finden, dieses durch die Wendeöffnung anbringen. Wendeöffnung nun zusammennähen.
Für die Blütenbrosche die Blütenteile (Schnittteile 1C) je 1-mal aus den (doppellagigen) Ärmelbündchen der Jeansjacke zuschneiden, das kleinere Teil um ein Knopfloch herum. Offene Kanten rundherum in Steppnahtfarbe der Jacke schmalkantig absteppen. Aufeinanderlegen und mittig zusammennähen. Knopf anbringen und von links eine Broschennadel annähen.

LUST AUF SOMMER

Bikini-Handtasche

Der Bikini vom letzten Jahr gefällt nicht mehr! Mit den Gedanken am Meer, bei Wellenrauschen und Sonnenschein, zaubern Sie eine tolle Urlaubstasche.

Größe 33 cm hoch, 24 cm breit, 3 cm tief, Tragegriff 56 cm lang **Schnittteile** 2A–F auf Bogen A **Schwierigkeitsgrad** ■

Material

- Triangel-Bikini
- 35 cm Volumenvlies (z. B. Vlieseline Thermolam)
- 35 cm dünnes Verstärkungsvlies (z. B. Vlieseline H 250)
- 1,20 m Stanzband/Bundeinlage zum Aufbügeln, 3 cm breit
- 20 x 20 cm doppelseitiges Klebevlies zum Aufbügeln
- 2-mal 60 cm Gummikordel, 8 mm Durchmesser
- 25 cm Köperstoff in Gelb
- 10 cm grober Webstoff in Orange
- 30 cm Futterstoff in Grün
- 2 Baumwollstoffreste (in Orange und Rot gemustert) für Ansatzstreifen des Futters, 27 cm breit
- 5 x 26 cm Stoff in Dunkelorange für Paspelstreifen
- 25 cm Nessel für die Innentasche
- 10 cm gemusterter Stoff für den Tragegriff
- 1,2 m Schrägbandstreifen, verschiedenfarbig
- Reißverschluss, 28 cm lang
- Für das Schlüsselband: 15 cm Gummiband, 1,5 cm breit, 1 Karabinerhaken
- Grundmaterial (Seite 9)

Vorbereiten

Doppelseitiges Klebevlies auf die Rückseite eines Bikinidreiecks bügeln; bei Bikinis aus Synthetikmaterial niedrigere Temperatur wählen und vorsichtig arbeiten.

Zuschneiden

- 2 Streifen von 2,75 x 26 cm aus dunkelorangem Stoff für die Paspeln (inklusive Nahtzugabe)
- 2 Streifen von 8 x 60 cm aus gemustertem Stoff für den Tragegriff (inklusive Nahtzugabe)
- 1-mal 17 x 25 cm aus Nessel für die Innentasche (inklusive Nahtzugabe)
- 1-mal 17 x 25 cm aus Bikini-Hosenstoff für die Innentasche (inklusive Nahtzugabe), dabei ist die Oberkante die gesäumte Hosenkante der Bikinihose

Mit 1 cm Nahtzugabe zuschneiden:

- 2-mal Schnittteil 2A aus grobem Webstoff für Ansatzstreifen 1 (Außentasche)
- 2-mal Schnittteil 2B aus gelbem Köperstoff für Vorder- und Rückteil der Außentasche
- 2-mal Schnittteil 2D aus rot gemustertem Baumwollstoff für Ansatzstreifen 2 (Futter)
- 2-mal Schnittteil 2E aus orangenem Baumwollstoff für Ansatzstreifen 3 (Futter)
- 2-mal Schnittteil 2F aus grünem Futterstoff (Beutelteil-Futter)

Ohne Nahtzugabe zuschneiden:

- Je 2-mal Schnittteil 2C aus Volumenvlies (für den Außenstoff) und aus Verstärkungsvlies (für das Futter)

Nähen

Die Teile aus Köper- und grobem Webstoff rundherum mit Zickzackstich versäubern. Paspelstreifen links auf links zur Hälfte umbügeln, schmalkantig (0,75 cm vom Rand) an die Unterkanten der Webstoffstreifen nähen. Dann jeweils den gelben Köperstoff an die Ansatzstreifen 1 aus Webstoff nähen. Dabei Paspel mitfassen, indem mit gleichmäßigem Abstand neben der Paspelnaht genäht wird (1 cm vom Rand). Paspel nach oben bügeln, Kante schmal absteppen. Das Bikiniteil auf das gelbe Vorderteil der Außentasche bügeln. Die Bikini-Träger feststecken und überstehende Bänder abschneiden. Die Rückseiten von Taschenvorder- und Rückteil mit Volumenvlies verstärken.

Verschiedenfarbige Schrägbänder und die restlichen Bikiniträger in Wellenlinien auf Vorder- und Rückseite der Tasche verteilen, jeweils feststecken und an beiden Kanten knappkantig aufsteppen (siehe Skizze). Das Futter aus den Streifen zusammennähen. Beutelteil, Ansatzstreifen 2 und Ansatzstreifen 3 (siehe Schnittteile). Die Nähte jeweils in eine Richtung bügeln und absteppen. Das Verstärkungsvlies auf die Futterrückseiten bügeln. Den grünen Futterstoff mit farbigen Wellennähten kreuz und quer verzieren.

Innentasche: Nessel an der hinteren Kante des Reißverschlusses bündig (mit

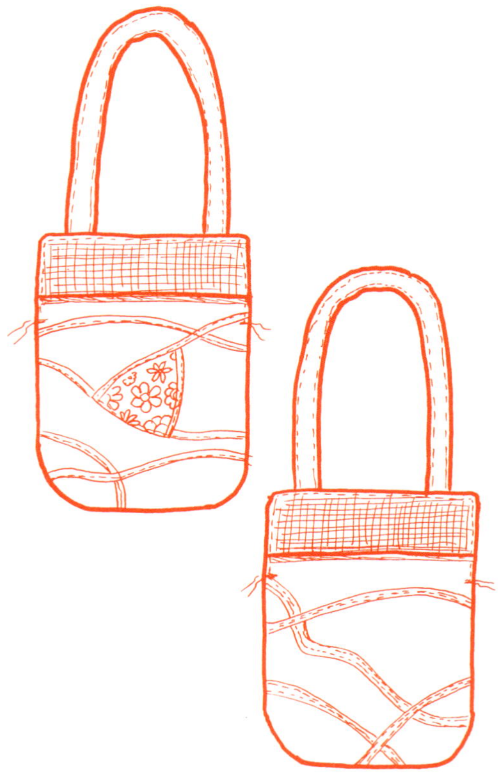

Reißverschlussfuß) annähen und herunterklappen. Das Bikini-Hosenteil an der anderen Kante des Reißverschlusses von oben auf der Saumnaht der Bikinihose aufnähen. Den Taschenbeutel jetzt auf das rückwärtige Futterteil legen (mit mindestens 12 cm Abstand zur Oberkante), die Bikinistoff-Unterkante umschlagen, die Futterstoffkante mit einfassen und feststecken. Den Taschenbeutel rundherum aufnähen (siehe Foto links).

Für das **Schlüsselband** den Gummibandstreifen mit einem elastischen Zierstich (Zickzack, Wellen, Kringel) in einer Kontrastfarbe verschönern und am Ende einen Karabinerhaken annähen. Das Schlüsselband beim Zusammennähen der Futterteile mitfassen.

An allen vier Teilen seitlich von der Oberkante 11 cm abmessen und markieren. Die Unterkanten der Futterteile, rechts auf rechts gelegt, von Markierung zu Markierung mit 1 cm Nahtzugabe, zusammennähen, bei der Außentasche mit zweifacher Naht, beim Futter eine Wendeöffnung von 12 cm im Bodenbereich aussparen.

Tragegriffe: Das Stanzband für Bunde auf die gemusterten Streifen bügeln, an den Stanzlinien falten und beidseitig absteppen, dabei eine Hilfsschnur im Tunnel mit einnähen, an deren Ende die Gummikordel geknotet ist. Mithilfe der Schnur die Kordel in den Tunnel ziehen. Schnur entfernen. Tragegriffe mit 2 cm Überstand an die Oberkanten der Außentaschen und je 3 cm Abstand zu den Ecken mit mehreren Nähten annähen.

Fertigstellen

Futter (auf rechts gedreht) in die Außentasche (auf links gedreht) hineinstecken. Die oberen Kanten zusammennähen, dabei die Naht im Eckbereich etwas abrunden. Da es zur Seite hin etwas dick wird, jeweils von der oberen Mitte beginnend zu den Öffnungsstellen hin nähen, Enden gut versäubern. Stoff an den Ecken etwas zurückschneiden und wieder mit Zickzackstich versäubern.

Tasche langsam durch die Wendeöffnung ziehen, zuerst einen Tragegriff mit Taschenoberteil, dann das zweite Stück für Stück. Obere Kante bügeln und schmalkantig absteppen, über der seitlichen Naht mehrere Male hin- und hernähen.

MIT REICHEM INNEN-LEBEN

Hosentasche

Eine Kinderjeans, die viele Abenteuer miterlebt hat, passt zum großen Kummer des kleinen Besitzers nicht mehr. Schade, es war die Lieblingshose! Als Tasche ist sie bereit für neue Abenteuer!

Größe ca. 30 cm hoch, ca. 36 cm breit, ca. 7 cm tief, Trägerlänge je 86 cm **Schnittteile** 3A–D auf Bogen B **Schwierigkeitsgrad** ■ ■

Material

- *Kinderjeans (hier in Größe 86)*
- *40 cm gemusterter Futterstoff*
- *40 cm Köperstoff in Rosa*
- *40 cm Volumenvlies (z. B. Vlieseline Thermolam)*
- *90 x 16 cm Stoff in Violett*
- *40 x 15 cm Stoff in Dunkelrot gemustert*
- *1,80 cm Stanzband/Bundeinlage zum Aufbügeln, 3 cm breit*
- *Grundmaterial (Seite 9)*

Für Handytasche, aufgesetzte Tasche, Schlüsselband und Stifthalter

- *30 x 20 cm dünnes Vlies (z. B. Vlieseline H 250; zur Verstärkung des Futters)*
- *Reststück (12 x 9 cm) Jeansstoff, z. B. die abgetrennte Blende, die den Reißverschluss verdeckt hat.*
- *je 15 cm Baumwollstoff in 2 zum Futter passenden Farben (hier in Blau und Lila)*
- *abgetrennte Gürtelschlaufe*
- *2 Klettbandstücke, je ca. 2 x 2 cm*
- *25 cm Gummiband (evtl. Lochgummiband aus der Hose)*
- *Karabinerhaken*

Vorbereiten

Die inneren Nähte der Hosenbeine und die rückwärtige Mittelnaht bis zum Reißverschluss auftrennen. Den Reißverschluss mit Besatz und die hintere mittlere Gürtelschlaufe ebenfalls abtrennen. Hat das Bündchen hinten mittig eine Naht, diese auftrennen, sonst das Bündchen senkrecht durchschneiden. Die abgetrennten und abgeschnittenen Teile zur späteren Verwertung aufheben.
Den Saum am Bein auftrennen oder bei einer längeren Hose senkrecht zur Seitennaht abschneiden. Die Tasche ist asymmetrisch, ihre seitliche Höhe ist unterschiedlich und entspricht der Hosenteillänge (ohne abgenähte Ecken): Taschenhöhe, Hosenteillänge = 36 cm (hinten)/ 34 cm (vorne) zuzüglich Nahtzugabe. Einen angenähten Knopf abschneiden bzw. einen Nietenknopf mithilfe einer Zange oder durch vorsichtiges Einschneiden des Stoffes herauslösen.
Schnittteile herstellen (Seite 7).

Hinweis: Ist die gewählte Hose viel kleiner oder größer als die hier verwendete, passen die Hosenschnittteile vom Vorlagenbogen nicht. Bei einer größeren Hose das Mittelteil von Vorder- und Rückseite breiter zuschneiden, sodass die Gesäßtasche nicht in den Nahtbereich fällt. Sind dann die Seitenteile angesetzt, wird das Futterteil anhand der Vorder- oder Rückseite zugeschnitten. Einfacher ist es bei kleineren oder größeren Hosen, die Schnittteile mit einem Fotokopierer etwas zu vergrößern oder zu verkleinern. Dann muss wahrscheinlich die Rundung an den Oberkanten ein wenig angepasst werden. Auch die Taschenhöhe (unter „Vorbereiten“) und somit auch die Stoffmengen (unter „Material“) anpassen!

Zuschneiden

- Je 2 Streifen von 38 cm und von 36 cm Länge und 2,75 cm Breite aus Stoff in Dunkelrot gemustert für die Paspeln (Nahtzugabe inklusive)
- 2 Streifen von 90 x 8 cm aus Stoff in Violett für die Träger (Nahtzugabe inklusive)

Mit 1 cm Nahtzugabe zuschneiden:

- 2-mal (davon 1-mal gegengleich) Schnittteil 3C aus Jeans (Vorder- und Rückseite). Keine Nahtzugabe am Hosenbund!
- 2-mal (davon 1-mal gegengleich) Schnittteil 3A (Seitenteil 1) aus Köperstoff
- 2-mal (davon 1-mal gegengleich) Schnittteil 3B (Seitenteil 2) aus Köperstoff

- 2-mal (davon 1-mal gegengleich) Schnittteil 3D aus gemustertem Futterstoff

Ohne Nahtzugabe zuschneiden:

- 2-mal (davon 1-mal gegengleich) Schnittteil 3D aus Volumenvlies

Für die Innentaschen:

- 2 Streifen von 12 x 10 cm Baumwollstoff in Blau (für die Seiten der Handytasche)
- 1 Streifen von 9 x 10 cm Baumwollstoff in Blau (für die Unterseite der Handytasche)
- 4,5 x 7,5 cm Baumwollstoff in Lila (für den Verschluss)
- 15 x 12 cm Baumwollstoff in Blau (für die aufgesetzte Tasche)
- 15 x 23 cm Baumwollstoff in Lila (für die aufgesetzte Tasche)

linke Hosenseite gegengleich

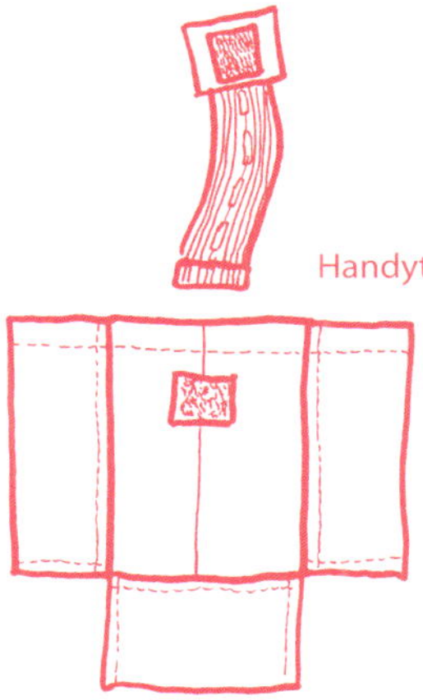
Handytasche

Nähen

An den Hosenteilen am Bündchen und der rückwärtigen Passe die beim Auftrennen zerschnittenen Steppnähte in passender Farbe nachnähen und verriegeln. Die vier Paspelstreifen zur Hälfte links auf links falten und bügeln, dann mit der offenen Kante nach innen an der Ansatzseite vordere bzw. rückwärtige Hosennaht der Seitenteile (siehe Skizze) knappkantig annähen. Diese Streifen an die Seiten der Hosenteile rechts auf rechts feststecken und annähen, die Paspelnaht wird damit überdeckt. Durch gerades Nähen entsteht so ein gleichmäßiger Paspelstreifen. Die Nähte in eine Richtung bügeln.
Zur Verstärkung auf die linken Seiten von Taschenvorder- und Taschenrückseite das zugeschnittene Volumenvlies stecken und parallel zum Paspelstreifen auf dem Köperstreifen durch Steppnähte fixieren, diese Linien können in unregelmäßigen Abständen und in Kontrastfarben frei gestaltet werden. Beim Zusammennähen der äußeren Tasche alle Nähte doppelt nähen. Bei mehreren Jeansstofflagen eine Jeansnadel verwenden und langsam nähen, evtl. mit dem Handrad der Nähmaschine.
Die untere Naht schließen und auseinanderbügeln. Rechts und links von der Naht knappkantig absteppen. Dann die Seiten zusammennähen und die Ecken mit 6 cm abnähen (siehe Schnittteile). Tasche wenden. Stanzband auf den Stoff für die Träger bügeln, falten und absteppen, wieder mit unregelmäßigen Abständen und in verschiedenen Farben. Die Trägerenden auf beiden Seiten jeweils etwa 7 cm von der Seitennaht entfernt innen an der Oberkante der Tasche festnähen.
Das Futter mit den Innentaschen gestalten: Dünnes Vlies zur Verstärkung des Futterstoffes mittig auf eine Futterrückseite aufbügeln.
Handytasche: Die offenen Kanten am Jeansstoff mit Zickzackstich versäubern. An beiden Seiten des Jeansstoffes einen Streifen mit der 12 cm langen Seite bis 1 cm vor dem Ende rechts auf rechts bündig annähen. Die Nahtzugabe der oberen Taschenkante, der Seiten und der unteren Seite des Seitenstreifens einschlagen. Den Seitenstreifen zur Hälfte nach innen klappen, feststecken und an allen Kanten zusammennähen. Die Jeanskante ist jetzt eingefasst, die Oberkante gesäumt.
An die untere Seite von Ecke zu Ecke, nach 1 cm beginnend und 1 cm vor Stoffende endend, den dritten Streifen annähen.

Wieder die Nahtzugaben einschlagen und den Streifen zu Hälfte nach innen klappen, wie bei den Seiten zusammennähen (siehe Skizze auf Seite 21, oben rechts).
An der oberen Kante das Hakenstück des Klettverschlusses mittig annähen.
Den Handytaschenbeutel auf dem Futter platzieren und an den Streifenkanten knappkantig annähen. Die Ecken der Streifen stoßen aneinander, es entsteht eine Schachtelform. Evtl. die offenen Kanten von Hand zusammennähen.
Für den Verschluss am Ende eines 10 cm langen Gummibandes einen Verschluss in Lila anbringen. Dazu den Streifen rechts auf rechts legen, an den Seiten zusammennähen und wenden. Die obere offene Kante einschlagen und das Gummibandende hineinstecken. Das Verschlussstück rundherum absteppen, dann das Flauschstück des Klettverschlusses annähen. Das andere Gummibandende umschlagen und an der passenden Stelle am Futterteil annähen.

Aufgesetzte Tasche: Beide Streifen für die aufgesetzte Innentasche jeweils an der 15 cm breiten Seite zusammennähen, sodass ein Tunnel entsteht. Diesen so falten, dass der blaue Streifen mittig liegt. Nahtzugaben in eine Richtung streichen, dann die Ober- und Unterkante zusammennähen. Einen Nahtabschnitt von 3 cm offen lassen, den Beutel dadurch wenden. Ecken ausformen, die Oberkante mit Zierstich versäubern. Klettband-Flauschseite mittig rundherum aufnähen. Auf dem Futterteil einen Platz für die Tasche wählen und die Klettband-Hakenseite aufnähen. Taschenbeutel ankletten und an den Seiten und der Unterkante mit Zierstich aufnähen, an den oberen Nahtenden mehrere Male nähen.

Schlüsselband: Ein ca. 20 cm langes Gummibandstück auf das Ende eines Trägers nähen, das Ende verschwindet beim Zusammennähen von Außentasche und Futter. An das andere Ende einen Karabinerhaken nähen, indem das Gummiband um- und eingeschlagen wird.

Stifthalter: Die Gürtelschlaufe auf das Futter nähen, eventuell passend zum Stift absteppen.

Fertigstellen

Das Futter an den Seiten und an der Unterkante zusammennähen. Die Ecken wie im Schnittteil angezeichnet abnähen. Futterteil (auf rechts gedreht) in die Außentasche (auf links gedreht) stecken und im Bereich des Köperstreifens an der Oberkante zusammennähen. Tasche durch die noch offene Oberkante wenden. Nahtzugaben vom Futter nach innen schlagen und umbügeln, Vlies evtl. etwas zurückschneiden, damit es innen verschwindet. Öffnungen im Bereich der Hose schließen. Dafür das umgebügelte Futter feststecken und auf der Steppnaht in gleicher Garnfarbe entlangnähen. Falls die Nähmaschine im Bereich der Gürtelschlaufen Schwierigkeiten hat, diese Abschnitte auslassen und von Hand nähen. Nahtenden jeweils verriegeln. Die Oberkante der seitlichen Ansatzstreifen ebenfalls in passender Farbe schmalkantig absteppen.

SPITZEN-MÄSSIG KOMBINIERT

Umhängetasche

Weiß sieht besonders edel aus, aber Sie können die Tasche auch in Ihrer Lieblingsfarbe nähen. Flecken auf der Hose lassen sich unter hübschen Knöpfen oder farbiger Spitze verbergen.

Größe 28 cm hoch, 25 cm breit, 4 cm tief, Trägerlänge ca. 1,55 m **Schwierigkeitsgrad** ■ ■

Material

- *Dreiviertelhose in Weiß, hier Größe 74, und mit Bordüre am Beinabschluss*
- *70 cm weißer Baumwollköper*
- *25 x 70 cm Volumenvlies (z. B. Vlieseline Thermolam)*
- *1–2 m verschiedene Spitzenborten in Beige oder Weiß*
- *1,70 m Gurtband in Beige mit passender Schlaufe und Schnalle*
- *Magnetdruckknopf*
- *Vliesrest von 5 x 5 cm*
- *Für das Schlüsselband: Gummiband und Karabinerhaken*
- *Grundmaterial (Seite 9)*

Innentasche

- *30 x 27 cm Stoff (für den Taschenbeutel)*
- *8 x 10 cm Stoff (für den Ansatz am Reißverschluss)*
- *Reißverschluss, 18 cm lang*

Vorbereiten

Die inneren Hosenbeinnähte und die vordere und rückwärtige Mittelnaht auftrennen, ggf. aufgenähten Bordürenstoff abtrennen, Reißverschluss heraustrennen. An einem der beiden Hosenteile den Bund abtrennen. Alle Teile bügeln.

Zuschneiden

Die Beinteile unterhalb der Taschenbeutel abschneiden. Hosenbeine parallel zur Seitennaht seitlich abschneiden, damit gerade Teile möglichst in der Breite der Tasche (27 cm inklusive Nahtzugabe) entstehen.

Nähen

Taschenaußenseite: Zunächst für die Taschenklappe Streifen aus der Bordüre vom Hosenbein (quer gelegt) oder aus Baumwollköper von ca. 25 x 27 cm zuschneiden bzw. zusammennähen. Dann auf ein Ende des Vliesstücks (25 x 70 cm) stecken und längs mit aufgesteppten Spitzen sowie Ziernähten fixieren. Die weiteren Streifen verlaufen quer, d. h. über die Breite des Vlieses. Dazu müssen sie 27 cm lang aus Hosenstoff und Köper zugeschnitten werden. Um die Streifenmenge zu ermitteln, diese Streifen quer, nebeneinander, die Nahtzugaben überlappend auf das Vlies legen, an der anderen Vlieskante mit dem Hosenstück mit Bund abschließen (siehe Skizze). Jetzt Streifen für Streifen jeweils rechts auf rechts, kantenbündig aufsteppen (siehe Skizze), Streifen umklappen und nochmals absteppen. Der Stoff sollte an den seitlichen Kanten des Vlieses jeweils 1 cm überstehen (Nahtzugabe). Anschließend Spitzen und Ziernähte quer auf die Streifen nähen, das Probefalten des Streifens zwischendurch hilft bei der Gestaltung. Die Knickpunkte (siehe Skizzen auf Seite 27) markieren.

Innentasche: Die Innentasche wird später in das Futterteil integriert (siehe Skizze Futterstreifen auf Seite 27).

Als Erstes aus dem Stoff für den Reißverschlussansatz einen kleinen Tunnel nähen (siehe Skizzen Reißverschlussansatzstücke a–c auf Seite 51). Das dafür vorbereitete Stoffstück rechts auf rechts längs falten und mit kleinem Stich zusammennähen, sodass

ein kleiner Tunnel entsteht, in den der Reißverschluss genau hineinpasst. Die Nahtzugaben auseinanderstreichen oder bügeln. Den entstandenen Schlauch in zwei Teile schneiden. Den Reißverschluss so in die Ansatzstücke stecken, dass die Nahtzugabe auf der Unterseite des Reißverschlusses liegt. Beide Ansatzstücke an die Enden des Reißverschlusses annähen und wenden.

Den Stoff für den Taschenbeutel zur Hälfte, rechts auf rechts falten (Beutelbreite: 27 cm). An der offenen Kante den Reißverschluss zwischen beiden Stoffteilen feststecken und mit dem Reißverschlussfuß annähen. Den Taschenbeutel durch eine offene Seite wenden, glatt streichen oder bügeln. An der oberen Kante des Taschenbeutels die Naht am Reißverschluss absteppen. Beiseitelegen.

Taschenfutter: Stoffstreifen in gleicher Gesamtlänge und -breite wie für die Taschenaußenseite zuschneiden oder aus verschiedenen Teilen zusammennähen, dann die Nahtzugaben in eine Richtung streichen und absteppen. Am Vliesende das andere Hosenteil (ohne Bund) annähen, hier mittig eine Wendeöffnung von ca. 13 cm lassen. Etwa in Taschenstreifenmitte (ca. 28 cm von der Deckelkante entfernt –

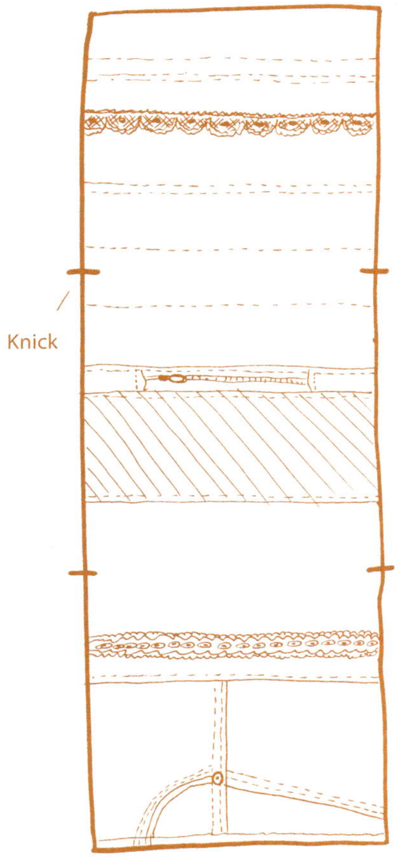

Futterstreifen

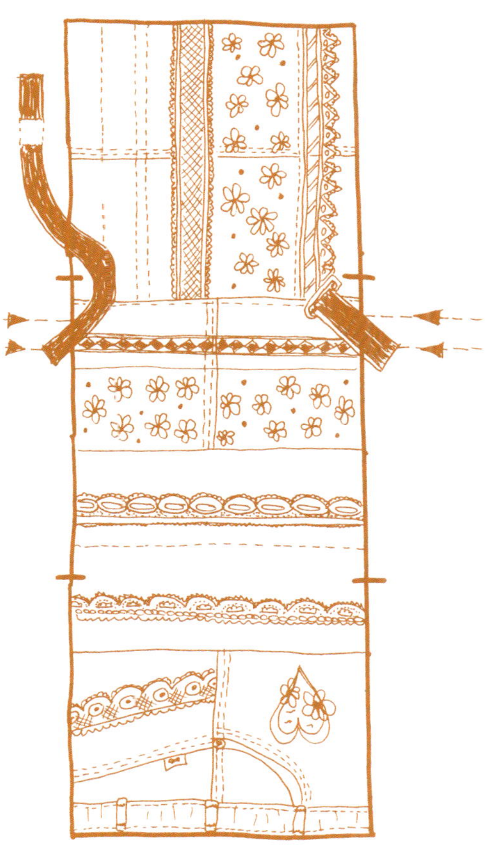

Außentaschenstreifen

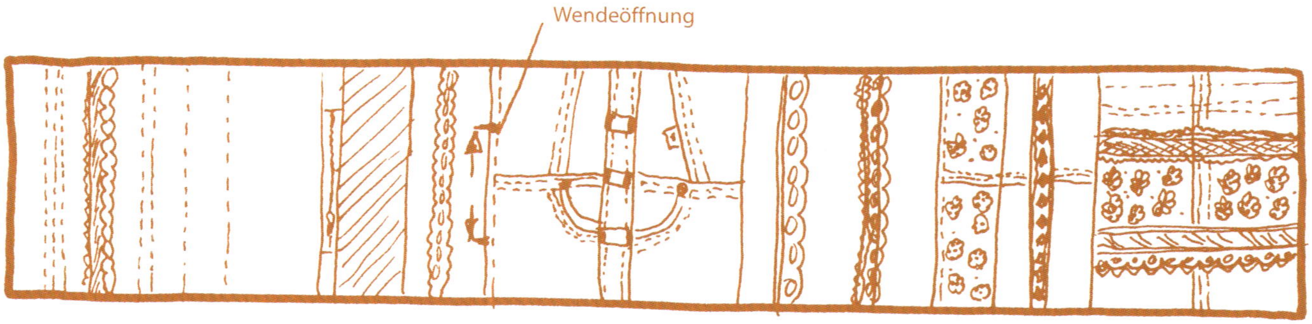

Position durch Probefalten der Tasche kontrollieren) die vorbereitete Innentasche rundherum aufnähen.

Für das **Schlüsselband** den Gummibandstreifen mit einem elastischen Zierstich (Zickzack, Wellen, Kringel) in einer Kontrastfarbe verschönern und am Ende einen Karabinerhaken annähen. Das Ende des Gummibandes seitlich am Futter annähen, es wird beim Zusammennähen der Tasche mit eingefasst. Nach Wunsch das Futter im Bereich der Taschenklappe mit Nähten und Spitzen verzieren. Den Bereich für den Verschluss an der Klappe mit dem Vliesrest verstärken und den einen Teil des Magnetdruckknopfes mittig, mit 2 cm Abstand zur Kante anbringen.

Beide Taschenstreifen werden jetzt zusammengenäht. Dafür an der Kante des Futter-Hosenteils (ohne Bund) die Nahtzugabe markieren. Jetzt die Nahtzugabe unter den Bund des Hosenteils der Außenseite legen und entlang der oberen Bündchennaht zusammennähen, es entsteht ein langer Streifen (siehe Skizze). Den Taschenstreifen zur Probe falten und den Platz für die Gurtbänder festlegen.

10 cm vom Gurtband abschneiden, in die Schlaufe ziehen, zusammenklappen und an der linken Seite der Außentasche, das restliche Stück gegenüber schräg nach oben gerichtet (etwa im 45-Grad-Winkel), 0,5 cm von der Seitenkante entfernt mit mehreren Nähten annähen (siehe Skizze).

Fertigstellen

Jetzt die Tasche laut Faltskizze falten. Kontrolle: Es liegen immer rechte oder linke Stoffseiten aufeinander. An der Unterkante sollte das Futter ein paar Millimeter kürzer sein als die Außentasche mit Vlies. Flach gelegt und glatt gestrichen nun alle Seiten zusammenstecken, evtl. heften. Die Klappenecknaht etwas abrunden, evtl. mit Kurvenlineal anzeichnen. An den drei Seiten mit offenen Kanten die Tasche mit 1 cm Nahtzugabe zusammennähen, zur Verstärkung und zum Ausgleich von Unregelmäßigkeiten noch ein zweites Mal von der Rückseite. Die Nahtzugabe an den Rundungen der Klappe etwas zurückschneiden und alle offenen Kanten mit Zickzackstich versäubern. Schließlich die Tasche langsam, Stück für Stück durch die Wendeöffnung ziehen.

Jetzt den Platz für das Gegenstück des Magnetdruckknopfes suchen, die Tasche zur Probe umhängen und dann den Knopf anbringen. Dabei die Klappstücke auch durch das Volumenvlies stecken, eventuell mit einem zusätzlichen Vliesrest verstärken. Die Wendeöffnung von Hand oder mit der Maschine schließen.

Die Außenkante der Klappe rundherum knappkantig absteppen.

Tipp: Farbige Fussel und Garnreste auf Stoff und Vlies gleich entfernen (Fusselrolle), sie schimmern bei weißem Stoff später durch!

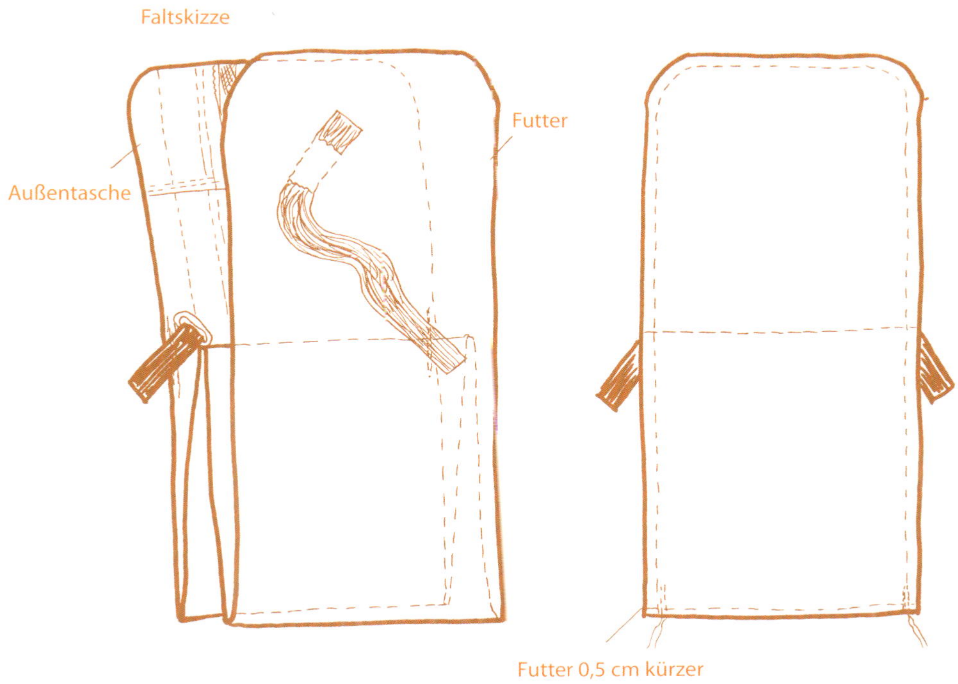

MIT LATZ UND LAUNE

Rucksack

Latzrock oder Latzhose lassen sich ideal zum flotten Rucksack umarbeiten. So praktisch, wie die Latzhose früher zum Klettern war, ist nun auch der Rucksack zum Verstauen und Transportieren.

Größe 32 cm hoch, 33 cm breit, 13 cm tief, Träger 54–72 cm lang **Schnittteile** 4A + B auf Bogen A **Schwierigkeitsgrad** ■ ■ ■

Material

- *Jeansrock oder -hose mit Latz (hier Größe 86)*
- *35 cm Köperstoff in Gelb*
- *35 cm Baumwoll-Futterstoff in Orange*
- *25 x 15 cm Köperstoff in Dunkelblau*
- *30 cm gemusterter Cordstoff, 22 cm breit*
- *35 cm Volumenvlies (z. B. Vlieseline Thermolam)*
- *35 cm dünnes Verstärkungsvlies (z. B. Vlieseline H 250)*
- *25 x 15 cm stabile Einlage für den Boden (z. B. Vlieseline Decovil I Light)*
- *1,20 m Gurtband, 2,5 cm breit*
- *je 2 Schlaufen und Schnallen (für die Träger)*
- *60 cm Stanzband/Bundeinlage zum Aufbügeln, 3 cm breit*
- *60 cm Gummikordel in Dunkelblau, 1 Stopper mit 1 Perle, 2 Knöpfe*
- *2 Ersatz-Nietenknöpfe, in der Größe zu den Trägerschnallen passend*
- *Grundmaterial (Seite 9)*

Vorbereiten

Schnittteile herstellen (Seite 7). Seitennähte von Rock/Hose auftrennen. Den vorderen Latz mit etwa 32 cm Länge abschneiden. Das Rückenteil mit Trägern auf das Vorderteil mit Latz legen und in passender Länge abschneiden. Dazu eine Position durch Ausprobieren finden, bei der die Träger möglichst genau auf die Latzecken treffen und dort festgenäht werden können. Mit einer Zange die oberen Nietenknöpfe vom Latz abzwicken bzw. Knöpfe abtrennen.

Zuschneiden

Im Fadenlauf zuschneiden:

- 2 Streifen von 30 x 8 cm aus gemustertem Cordstoff für die Träger (Nahtzugabe inklusive)
- 1 Streifen 20 x 6 cm aus gemustertem Cordstoff für den Handgriff (Nahtzugabe inklusive)

Mit 1 cm Nahtzugabe zuschneiden:

- 2-mal Schnittteil 4A (Vorder- und Rückseite) aus gelbem Köperstoff (Vorder- und Rückseite)
- 1-mal Schnittteil 4A (Vorder- und Rückseite) aus Futterstoff in Orange
- 1-mal Schnittteil 4A (Vorder- und Rückseite) aus Jeansrock/-hose (Bei einem Rock den Teil mit Gesäßtaschen für das Futter verwenden, bei einer Hose evtl. durch Reste von den Beinen ergänzen.)
- Je 1-mal Schnittteil 4B (Boden) aus dunkelblauem Köperstoff und aus Futterstoff

Ohne Nahtzugabe zuschneiden:

- 2-mal Schnittteil 4A (Vorder- und Rückseite) aus Volumenvlies
- 1-mal Schnittteil 4A (Vorderseite) aus dünnem Verstärkungsvlies
- Je 1-mal Schnittteil 4B (Boden) aus Volumenvlies und aus stabiler Einlage

Nähen

Vorderteil mit Latz und Rückenteil (mit Trägern) links auf links feststecken, die Steppnähte des Rückenteils in Steppnahtfarbe nachnähen und so beide Teile fest verbinden. Rechts und links am Rand der Klappe eine Falte, die nach außen zeigt, legen und mit einer Naht im Nahtzugabenbereich fixieren – die Klappe bekommt so eine leicht gebogene Form (siehe Skizzen rechts). Die offenen Schnittkanten versäubern. Die Löcher vom Heraustrennen der Knöpfe kreisförmig umnähen oder umsticken.

Volumenvlies auf die gelben Köperstoffteile stecken oder aufbügeln und mit Steppnähten in verschiedenen Farben die Schichten miteinander verbinden – Bogenform berücksichtigen. Ebenso das äußere Bodenteil mit Volumenvlies, das innere mit der stabilen Einlage verstärken und zusammennähen oder aufbügeln. Wieder die Schichten mit unregelmäßigen Steppnähten verbinden.

Zwei Knopflöcher an der oberen Kante der Vorderseite nähen (Position Schnittteil 4A). Die Seitennähte der gelben Außentasche und des Futters schließen, dabei die Teile rechts auf rechts legen, innen seitlich eine Wendeöffnung von ca. 12 cm aussparen. Äußere Seitennähte in eine Richtung bügeln und schmal absteppen.
Für den Trägeransatz am Schnittteil 4B rechts und links 10 cm Gurtband anbringen.

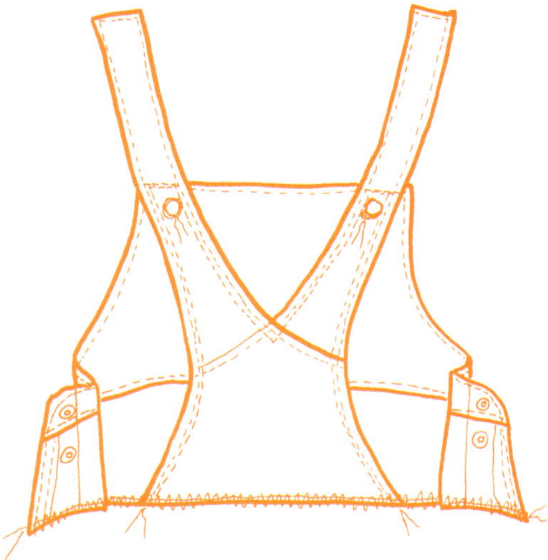

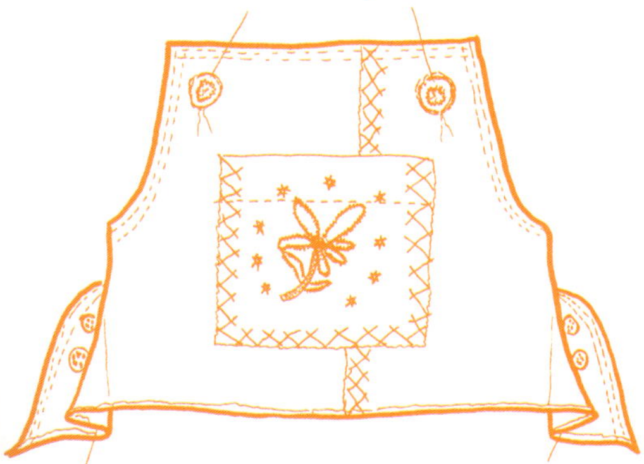

Das Gurtbandstück jeweils durch die Schlaufe ziehen, zur Hälfte legen und mit den offenen Kanten nach innen annähen: Position ca. 6 cm rechts und links der Mittellinie.
Die vordere und die rückwärtige Mitte an der unteren Kante des Rucksacks markieren und rundherum einkräuseln, im hinteren Bereich etwas weniger. Die eingekräuselte Kante am Boden feststecken oder heften und rundherum zusammennähen. Außennaht doppelt nähen und mit Zickzackstich versäubern.
Für den Tragegriff den Cordstreifen längs zur Hälfte legen, die Nahtzugaben einschlagen und schmalkantig zusammennähen. Das Stanzband auf die Cordstreifen für die Träger bügeln (2 cm kürzer als der Cordstoff), ebenfalls falten. An einem Ende die Nahtzugabe einschlagen (Strichrichtung des Cordstoffes bei beiden Trägern gleich), jeweils 55 cm Gurtband mit einfassen, die Seiten und das eine Ende (inklusive Gurtband) schmalkantig zusammennähen (fertige Trägerbreite 3 cm).

Träger und Handgriff an der Klappe annähen. Jetzt die Klappe an die obere Kante der Rucksackrückseite annähen.

Fertigstellen

Futtertasche auf rechts drehen, in die Außentasche (auf links gedreht) stecken und an der oberen Kante ringsum zusammennähen. Rucksack wenden. Die obere Kante schmalkantig absteppen und mit 1,5 cm parallel zu dieser Naht einen Tunnel nähen. Die Gummikordel mit einer dicken Nadel hindurch ziehen. Dafür die Nadel im hinteren Bereich durch den Jeansstoff stecken, aus einem Knopfloch herausziehen, einen Stopper auffädeln und durch das zweite Knopfloch bis nach hinten weiter durch den Tunnel ziehen. Enden festnähen und mit Knöpfen verzieren. Die Position für die Nietenknöpfe festlegen und montieren. Wendeöffnung zusammennähen. Die Schnallen auf das Gurtbandstück ziehen, das Ende durch die Schlaufe stecken und am Steg der Schnalle annähen.

HÜBSCH VERPACKTE TECHNIK

Kamera- und Handytasche

Schön gemusterte, quadratische Nickitücher sind das Erkennungsmerkmal von Flugbegleitern und Pfadfindern. Hier wurden sie zu besonders praktischen Begleitern für Handy und Kamera.

Kameratasche Größe 10,5 x 17 cm **Handytasche Größe** 8 x 14 cm **Schwierigkeitsgrad** ■ ■

Material

- *Grundmaterial (Seite 9)*

Kameratasche

- *2 Nickitücher*
- *10 x 41 cm Volumenvlies (z. B. Vlieseline H 630)*

Handytasche

- *2 Nickitücher, z. B. in Rot und Blau*
- *8 x 28 cm Volumenvlies (z. B. Vlieseline H 630)*

Kameratasche

Zuschneiden

Alle Maße sind inklusive 0,5 cm Nahtzugabe angegeben:

- Eine rote Tuchecke verknoten und mit 4 cm Abstand den Knoten abschneiden.
- 1-mal 43 x 11,5 cm von einem blauen Nickituch
- 5–7 Streifen in 11,5 cm Breite, die zusammen ein Stück von 43 cm Länge ergeben
- Je 1 Streifen á 13,5 x 5,5 cm (Knotenhalteband) vom roten und vom blauen Nickituch
- 6 x 3,5 cm aus Tuchrest für eine Lasche

Nähen

Die offene Kante des abgeschnittenen Knotens mit Zickzackstich versäubern. Für die Außenseite die 11,5 cm breiten Streifen zusammennähen, bei der Gestaltung berücksichtigen, dass 6 cm des Streifens die Klappe ergeben (siehe Skizze). Im hinteren Bereich der zukünftigen Tasche bei einer Streifennaht eine Wendeöffnung von 5 cm aussparen (Nahtenden an der Wendeöffnung gut versäubern), hier die Nahtzugabe auseinander-, sonst in eine Richtung bügeln. Alle Streifen schmalkantig neben den Nähten auf der „Bügelrichtungsseite" Ton in Ton absteppen. Bei der Wendeöffnung an beiden Seiten, um den Stoff für die Wendung zu stabilisieren, Volumenvlies auf das blaue Tuchstück von 11,5 x 40 cm mittig aufbügeln.
Den Knoten ca. 1,5 cm vom seitlichen Rand entfernt an die Klappenkante des blauen Teils annähen, die offenen Kanten liegen übereinander.
Für die Knotenhaltebänder die Streifen längs, links auf links, falten, Nahtzugabe einschlagen und an den Kanten absteppen. Die fertigen Streifen sind je ca. 2 cm breit und 13,5 cm lang und werden auf die Vorderseite beider Taschenteile, einfarbig und gestreift, mit ca. 5 cm Abstand zur Kante ohne Knoten, angenäht.
Damit der Knoten später hineingesteckt werden kann, die Streifen jeweils an der richtigen Stelle am Taschenteil absteppen, die durch Probefalten der Tasche gefunden wird.

Den Streifen für die Lasche zur Hälfte legen, die Nahtzugaben einschlagen und an der Kante absteppen. Die entstandene Lasche als Schlaufe 8 cm von der Klappenkante an einer Seite mit der offenen Kante am Rand annähen.
Beide Taschenteile an der schmalen Seite, rechts auf rechts (nahe der Lasche) zusammennähen (siehe Skizze). Es ist ein 84 cm langer Streifen entstanden, der nun dreimal wie folgt gefaltet wird: 1. Das mit Vlies verstärkte Teil an der markierten Unterkante gefaltet rechts auf rechts aufeinanderlegen. 2. Jetzt an der Kante nahe der Knotenhaltebänder zurückfalten. 3. Zum Schluss auch den Streifenteil der Tasche rechts auf rechts aufeinanderlegen und feststecken. Die Klappenabschnitte beider Taschenseiten liegen nun aufeinander (siehe Faltskizze). Die drei offenen Kanten in einem Zug nähen und mit Zickzackstich versäubern.

Fertigstellen

Durch die Wendeöffnung kann der Beutel vorsichtig, Stück für Stück gewendet werden. Zum Schluss die Öffnung von Hand zusammennähen.
Die Tasche kann von beiden Seiten benutzt werden, einfarbig oder gestreift.

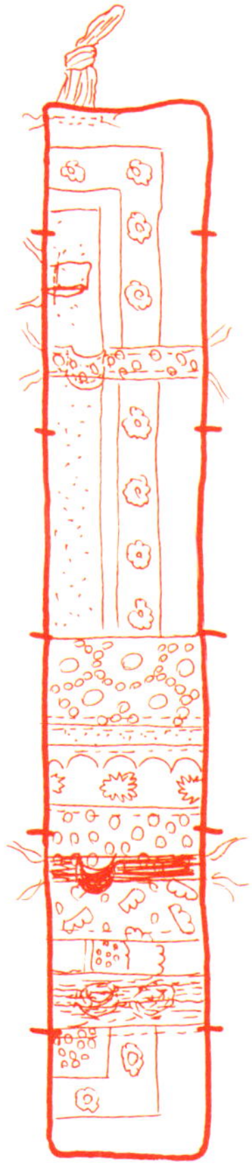

Faltskizze

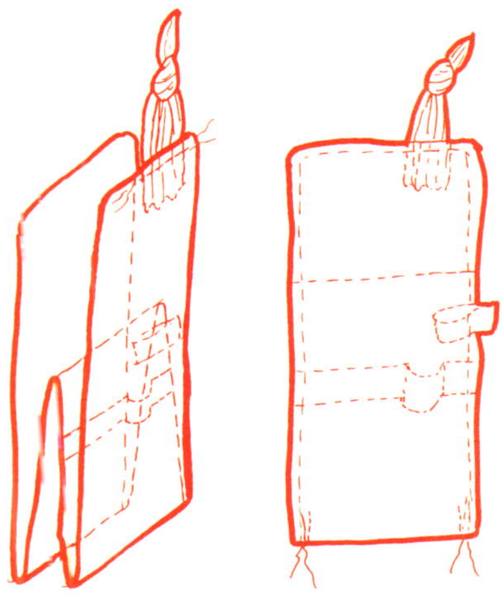

Handytasche

Zuschneiden

Alle Maße sind hier inklusive 0,5 cm Nahtzugabe angegeben:

- Eine rote Tuchecke verknoten und mit 4 cm Abstand den Knoten abschneiden.
- 9,5 x 30 cm vom blauen Tuch
- 6 bis 8 Streifen von beiden Tüchern, jeweils 9,5 cm breit (Gesamtlänge nach dem Zusammennähen 30 cm)
- 2 Streifen von 11,5 x 5,5 cm (Knotenhalteband) vom roten Tuch

Nähen

Die offene Kante der Knotentuchecke mit Zickzackstich versäubern.

Die vorbereiteten 9,5 cm langen Streifen zusammennähen, dabei in einer Naht mittig eine Wendeöffnung von 5 cm offen lassen (Nahtenden an der Wendeöffnung gut versäubern). Hier die Nahtzugaben auseinander-, sonst in eine Richtung bügeln. Alle Streifenkanten schmalkantig neben den Nähten auf der „Bügelrichtungsseite" Ton in Ton absteppen. Bei der Wendeöffnung an beiden Seiten, um den Stoff für die Wendung zu stabilisieren, Volumenvlies auf das blaue Tuchstück von 9,5 x 30 cm mittig aufbügeln.

Den Knoten ca. 1,5 cm vom Rand entfernt an die schmale hintere Kante des blauen Teils annähen, offene Kanten übereinander.

Für die Knotenhaltebänder die Streifen längs links auf links falten, die Nahtzugabe einschlagen und an den Kanten absteppen. Die fertigen Streifen sind je ca. 2 cm breit und 11,5 cm lang und werden auf die Vorderseite von beiden Taschenteilen, einfarbig und gestreift, mit 2 cm Abstand zur oberen Kante seitlich bündig angenäht. Da die Streifen länger als die Taschenteile sind, entsteht eine Schlaufe. Damit der Knoten später hineingesteckt werden kann, die Streifen jeweils an der richtigen Stelle am Taschenteil absteppen (Kontrolle durch Probefalten der Tasche).

Jetzt beide Taschenteile an den oberen, schmalen Kanten rechts auf rechts zusammennähen. Es ist ein Schlauch entstanden, der nun zweimal wie folgt gefaltet wird:

Zunächst die Oberkantennähte mittig aufeinanderlegen (Teil mit Vlies und Teil ohne Vlies liegen jeweils rechts auf rechts aufeinander). Dann alles noch ein zweites Mal falten, die Kante mit dem Knoten sollte dabei außen sein.

Die Seitennähte schließen.

Fertigstellen

Durch die Wendeöffnung kann die Tasche vorsichtig, Stück für Stück gewendet werden.

Zum Schluss die Öffnung von Hand zusammennähen.

Die Tasche kann von beiden Seiten benutzt werden, einfarbig oder gestreift.

EXTREM SPORTLICH

Trikotbeutel

Wenn das Trikot des Lieblingsvereins nicht mehr passt, wird daraus ein einzigartiger Fanartikel! Materialien, die für den Sport hergestellt wurden, sind robust und langlebig – so wie dann auch die Tasche daraus.

Größe 25 x 36 cm **Schwierigkeitsgrad** ■

Material

- *Sporttrikot oder T-Shirt*
- *12 cm Gurtband*
- *ca. 3 m Kordel*
- *Grundmaterial (Seite 9)*

Vorbereiten und Zuschneiden

Nähte am Trikot oder T-Shirt auftrennen oder knapp abschneiden.
Gurtbandstück halbieren, die offenen Enden bei guter Belüftung über einer Flamme schmelzen (bei Synthetikmaterialien) oder mit Zickzack versäubern, um sie zu sichern. Die Kordel ebenfalls halbieren.
Aus dem Trikot 2 Teile von 27 x 41 cm (Nahtzugabe inklusive) zuschneiden.
Den Ausschnitt je nach Motiv längs oder quer nehmen, vielleicht sogar zerschneiden und neu zusammensetzen.

Nähen

Eine Jersey-Maschinennadel verwenden.
Gurtbandstücke zur Hälfte legen und mit den offenen Kanten nach innen, seitlich mit 1,5 cm Abstand von der unteren Kante auf der rechten Stoffseite feststecken, sie werden beim Zusammennähen des Beutels mitgefasst. Die beiden Trikotteile rechts auf rechts legen und an den Seiten sowie der Unterkante mit kleinem Zickzackstich oder einer Overlocknaht zusammennähen, dabei an beiden Seiten 10 cm von oben offen lassen. Das obere, seitliche Stück beider Teile schmal um- und einschlagen und in einem Zug absteppen. Dabei im Bereich der Seitennaht mehrere Male hin und her nähen. Jetzt Tunnel für die Kordeln nähen, dafür die Oberkanten 2 cm umschlagen, dann wieder mit kleinen Zickzack- oder Overlockstichen festnähen.

Fertigstellen

Beutel auf rechts wenden. Kordeln beidseitig durch die Gurtbandschlaufe und beide Tunnel und wieder durch die Gurtbandschlaufe ziehen. Dann jeweils beide Enden verknoten. Damit der Knoten dick genug wird, das Ende mehrmals durch die Knotenschlaufe ziehen oder durch einen Achterknoten sichern (siehe Skizze).

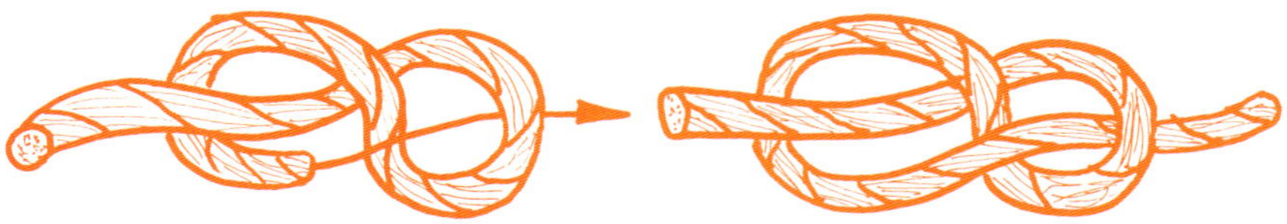

WOLLIG WARM

Wärmflaschenhülle

Sie sollten nicht traurig sein, weil der Wollpullover falsch gewaschen wurde, denn nun ist er genau richtig für eine Wärmflaschenhülle. Ein schicker Pulli steht auch einer Wärmflasche gut.

Größe 35 x 22 x 2 cm **Schnittteile** 5A–C auf Bogen B **Schwierigkeitsgrad** ■

Material

- *Verfilzter Wollpullover (rückwärtige Länge mind. 37 cm, z. B. Kinderpulli Größe 128)*
- *Wollfaden, farblich passend*
- *7 cm Saumband oder ein 2 x 7 cm großes, festes Stoffstück*
- *Papier zum temporären Mitnähen, z. B. Zellstofftuch*
- *15 cm feste Schnur oder Bast zum Wenden*
- *Wärmflasche mit den Maßen 32 x 19 cm (inkl. Einfülltrichter)*
- *Grundmaterial (Seite 9)*

Vorbereiten

Seitennähte und Ärmelansätze am Wollpullover aufschneiden (knapp).

Zuschneiden

- 2 Streifen von 3,5 x 13 cm aus dem Pullover für die Schlaufen (Nahtzugabe inklusive)
- 1 Streifen von 4 x 10 cm für den Haken (Nahtzugabe inklusive)

Mit 1 cm Nahtzugabe zuschneiden:

- 1-mal Schnittteil 5A aus dem Pullover-Rückenteil
- 2-mal Schnittteil 5B (davon 1-mal gegengleich) aus dem Pullover-Vorderteil, dabei beide Ärmelbogen stehen lassen. Aus dem linken Pulloverteil (vom Betrachter aus gesehen) wird das rechte Wärmflaschenteil und umgekehrt (siehe Skizze). Achtung: Muster auf Vorder- und Rückenteil beachten
- 2-mal Schnittteil 5C aus dem Pullover (für die Knöpfe)

Nähen

Jersey-Maschinennadeln verwenden und mit kleinem Zickzackstich nähen.
Mittige Kanten mit kleinem Zickzack- oder Overlockstich versäubern, gegen Wellen ein dünnes Papierstück (z. B. zwei Lagen Zellstofftuch) mitnähen und anschließend herausreißen.

Schlaufenbänder und Haken: Streifen rechts auf rechts legen, ein Stück feste Schnur oder Bast an einer schmalen Seite fixieren und beim Zusammennähen mit einfassen, ohne darüberzunähen. Den Tunnel jeweils durch Ziehen an der Hilfsschnur wenden, diese wieder abtrennen.

Vorderteil: An den Teilen aus dem Pullovervorderteil die Mittellinien markieren (siehe Schnittteil 5B). Eines der Teile mit Ärmelbogen 1 cm neben der Mittellinie abschneiden, der Streifen wird dann über die Knopfschlaufen genäht.

Knöpfe aus den ovalen Teilen mit der Hand nähen. Dafür 0,5 cm vom Rand entfernt mit Nähgarn in großen Stichen heften, Faden nach und nach zusammenziehen, dabei die Nahtzugabe mit Holzstäbchen nach innen stopfen, am Schluss den Faden verknoten. Das entstandene Loch mit einigen Stichen zunähen. Den Wollknopf vorsichtig mit einem feuchten Tuch flach bügeln.

Die Knopfschlaufen entsprechend der Wollknopfgröße mit den offenen Kanten innen an der Mittellinie feststecken, den abgeschnittenen Streifen rechts auf rechts darüberlegen und entlang der Mittellinie zusammennähen. Offene Kanten mit Zickzackstich versäubern, wieder aufklappen. Das rechte Pulloverteil (Schnittteil 5B) dazunehmen und beide Ärmelbogen rechts auf rechts übereinanderlegen, sodass die Mittellinien aufeinandertreffen. Das obere Bogenstück und die untere Kante bis zur Ansatznaht, also bis zur Mittellinie, aneinandernähen. Das Teil mit den Knopfschlaufen zurückklappen.

Den genähten und gewendeten Streifen für den Haken oben mittig anbringen. Dazu beide Enden mit 2 cm Abstand und mit der offenen Kante nach innen auf der rechten Stoffseite des Vorderteils feststecken. Das hintere Pulloverteil rechts auf rechts auf das vordere legen und rundherum zusammennähen. Die Naht im Bereich des Hakens zusätzlich mit dem Saumband bzw. dem festen Stoffrest verstärken.

Fertigstellen

Saum und Kanten vom Ansatzstreifen innen von Hand mit einigen Stichen festr ähen. Wärmflaschenhülle wenden.

Wollknöpfe mit einem Wollfaden annähen, dabei ein Stäbchen als Abstandhalter zur Hilfe nehmen. Wärmflasche in die Hülle stecken.

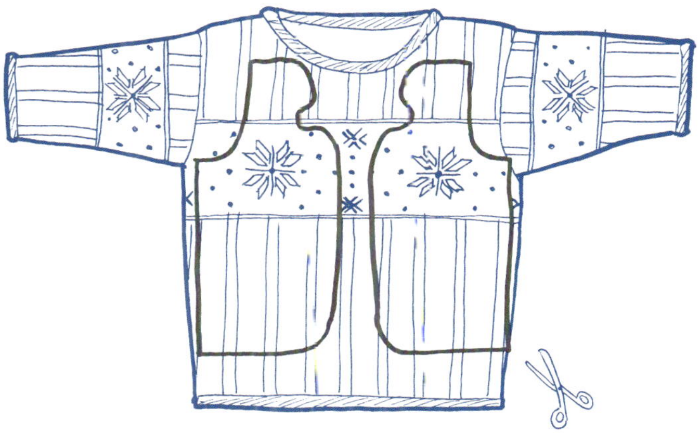

ROCK 'N' ROLL

Rocktasche

Auf Trödel- und Flohmärkten sind oft geeignete Kleidungsstücke zu finden. Dieser Jeansrock ist ein besonderes Fundstück vom Altstadtflohmarkt in Wangen. Viele Leute aus der Stadt verkaufen hier Kleidung, die sie nicht mehr tragen.

Größe 39 x 40 cm (ohne Träger) **Schwierigkeitsgrad** ■ ■ ■

Material

- *Kinderjeansrock, Größe 110 (Rocklänge 32 cm)*
- *50 cm Baumwollköper, 90 cm breit*
- *2 Streifen von 50 x 3 cm Baumwollstoff, gemustert*
- *50 cm Baumwollstoff, einfarbig (Futter)*
- *25 x 35 cm Baumwollstoff (Innentasche)*
- *45 x 80 cm feste Einlage*
- *45 x 80 cm Volumenvlies (z. B. Vlieseline H 640)*
- *1,60 m Gurtband*
- *Grundmaterial (Seite 9)*

Innentasche und Schlüsselband:

- *8 x 10 cm Stoffrest (für den Reißverschlussansatz)*
- *8 cm abgenähter Schrägbandstreifen oder Gürtelschlaufe*
- *Reißverschluss, 18 cm lang*
- *20 cm Gummiband, 1,5 cm breit*
- *Karabinerhaken*

Vorbereiten

Die Seitennähte des Kinderrocks auftrennen, ggf. Verstellgummiband herausziehen. Bündchenstück ohne Naht seitlich durchschneiden. Nahtzugaben ausbügeln, evtl. aufgetrennte Stepp- oder Saumnähte in passender Farbe nachnähen. Bei einem Faltenrock die Falten feststecken und auf der Saumnaht festnähen.

Herstellen des Taschenschnitts:

Fadenlauf bei allen Teilen ist die senkrechte Mittellinie.

1. Schnittteil „Rock" aus Papier herstellen, dabei die Seitennahtzugaben vom Rock umklappen.
2. Schnittteil „Rückwärtiges Teil": Den Bogen des 1. Schnittteils oben um 4 cm, unten um 3 cm verlängern. Seitliche Taschenöffnungsmarkierung für das spätere Zusammennähen bei ca. 13 cm (ein Drittel der Gesamtseitenlänge) ab Taschenoberkante anzeichnen.
3. Schnittteil „Bogenverlängerung oben": den ergänzten, 4 cm breiten Streifen kopieren.
4. Schnittteil „Bogenverlängerung unten": den ergänzten, 3 cm breiten Streifen kopieren.

Zuschneiden

Mit 1 cm Nahtzugabe zuschneiden:

- 1-mal Schnittteil „Rückwärtiges Teil" aus Baumwollköper

- 2-mal Schnittteil „Rückwärtiges Teil" aus Futterstoff, Taschenöffnungsmarkierung übertragen
- 1-mal Schnittteil „Bogenverlängerung oben" aus Baumwollköper
- 1-mal Schnittteil „Bogenverlängerung unten" aus Baumwollköper

Ohne Nahtzugabe zuschneiden:

- Je 2-mal Schnittteil „Rückwärtiges Teil" aus fester Einlage und aus Volumenvlies

Nähen

Außentasche, Vorderteil: Oberes und unteres Bogenverlängerungsstück an den Originalrock knappkantig annähen. Dafür die Rockbund- bzw. Rocksaumnaht auf die Nahtzugabe der Bogenverlängerungsteile stecken und entlang der oberen Bündchennaht und der Saumunterkante schmalkantig absteppen.

Außentasche, Rückseite: Rückwärtiges Teil mit zwei senkrechten Schnitten zerteilen. An den Schnittlinien jeweils einen der 3 cm breiten Stoffstreifen mit 0,75 cm Nahtzugabe annähen und in eine Richtung bügeln. Das Volumenvlies auf das vordere und rückwärtige Teil und die Stabilisierungseinlage auf die Futterteile aufbügeln. Ruhen lassen. Zur Verzierung in verschiedenen Kontrastfarben senkrechte Stepplinien auf Außen- und Futterteile nähen, auch die eingesetzten Streifen schmalkantig absteppen.

Außentasche zusammenfügen: Alle folgenden Nähte zur Verstärkung doppelt nähen. Teile jeweils rechts auf rechts legen, die Bodenbogennaht schließen und auseinanderbügeln. Die Seiten bis zur Taschenöffnung zusammennähen und die Nähte auseinanderbügeln.

Futter: Für die **Innentasche** an den Reißverschluss zunächst Ansatzstücke annähen. Dafür das vorgesehene Stoffstück rechts auf rechts längs zur Hälfte falten und so abnähen, dass ein kleiner Tunnel entsteht, in den der Reißverschluss passt. Den Tunnel halbieren (Skizze a). Es entstehen zwei Ansatzstücke, die an beide Reißverschlussenden angenäht werden. Den Schieber vom Reißverschluss in die Mitte ziehen und die offenen Enden mit einigen Stichen zusammennähen. Jetzt den Reißverschluss so in ein Ansatzstück

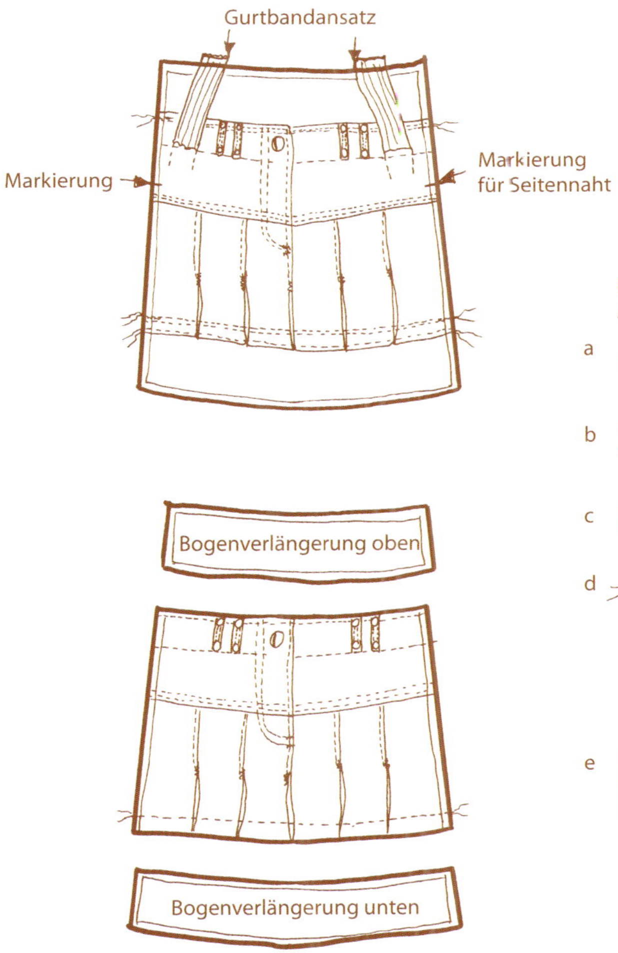

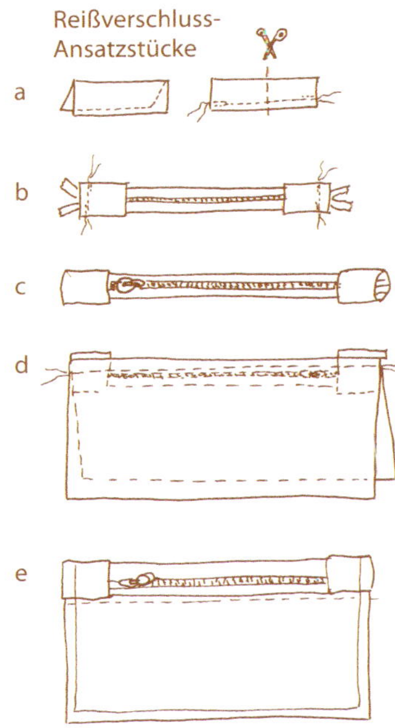

Reißverschluss-Innentasche

stecken, dass die Nahtzugabe auf der Unterseite des Reißverschlusses liegt (Skizze b). Beide Ansatzstücke an die Enden des Reißverschlusses annähen und wenden (Skizze c). Den entstandenen Streifen ggf. auf 25 cm zurückschneiden. Das Stoffstück für die Innentasche rechts auf rechts zur Hälfte legen und den Streifen zwischen die offenen Kanten stecken, sodass der Reißverschluss innen liegt (Skizze d). Mit dem Reißverschlussfuß der Nähmaschine an der oberen Kante zusammennähen und wenden (Skizze e). Die Naht am Reißverschluss bügeln und schmalkantig absteppen. Die offenen Kanten mit Zickzackstich versäubern und seitlich 1 cm einschlagen. Den Taschenbeutel mittig auf das Futter stecken, dabei als Stifthalter die Gürtelschlaufe bzw. das Schrägband mit einfassen. Die Innentasche rundherum festnähen, dann für einen oder zwei Stifte die Schlaufe abnähen (Stift zum Maßnehmen hineinstecken).

Für das **Schlüsselband** das Gummiband mit elastischem Zierstich verschönern.

Die Futterteile rechts auf rechts legen, das Gummiband dazwischen, ein Ende bündig mit den Nahtzugaben, so wird es beim Nähen mitgefasst. Futterteile an der Unterkante und an den Seiten bis zur Taschenöffnung schließen, dabei seitlich eine Wendeöffnung von 12 cm aussparen.

An allen Seiten die Nahtzugaben auseinanderbügeln.

Tragegriffe: Das Gurtband halbieren. Je 80 cm vorne und hinten an der Oberkante auf der rechten Seite der Außentasche anbringen. Faustregel: Abstand zwischen den Gurtbändern ist die Hälfte der Oberkantenbreite. 2–3 cm vom Gurtband überstehen lassen und mit mehreren Nähten annähen.

Das Futter wenden und in die auf links gedrehte Außentasche rechts auf rechts hineinstecken. Nun die oberen Öffnungskanten vorne und hinten wieder mit doppelter Naht zusammennähen. Die Spitzen der Ecken zurückschneiden, offene Kanten versäubern.

Fertigstellen

Die Tasche durch die Öffnung im Futter wenden und die Öffnungsnaht knappkantig mit der Maschine oder von Hand schließen. Die obere Kante rundherum absteppen, dabei an der seitlichen Naht zur Verstärkung der Taschenöffnung mehrere Male hin- und hernähen.

Tipp: Es kann die Vorder- oder die Rückseite des Rockes verwendet werden.

VÄSKA

IN DIE KAPUZE GEROLLT

Kosmetikrolle

Eine solche Regenjacke, Ostfriesennerz genannt, gehört an der Küste zur Grundausstattung. Ein wenig „umgenäht" wird sie zum wasserfesten Reise-Utensilo für Kosmetik- und Badeutensilien.

Größe 18 cm hoch, 33 cm, offen: 54 cm hoch, 5 cm tief **Schnittteil** 6 auf Bogen B **Schwierigkeitsgrad** ■ ■

Material

- Ostfriesennerz, hier Größe 116 mit Raglanärmeln
- bei Jacke mit Kordel in der Kapuze: ca. 60 cm Gummiband in Tunnelbreite
- 22 cm Reißverschluss in Blau oder Gelb
- 1 m Gurtband in Blau oder Gelb, 2–3 cm breit
- zum Gurtband passender Steckverschluss
- 25 cm Gummikordel in Blau oder Gelb
- dickes Nähgarn (mind No. 80) in Blau und Gelb, auf Spulen und Garnrollen (jeweils in passender Farbe verwenden)
- Grundmaterial (Seite 9)

Vorbereiten

Die Kapuze abtrennen, die Seitennähte auftrennen und den vorderen Reißverschluss heraustrennen.
Schnittteil 6 herstellen (Seite 7).

Zuschneiden

Platzsparend zuschneiden, alle Teile aufheben, sie werden für die Rückseite der Innenfächer benötigt!
Hat die Kapuze eine Kordel im Tunnel, die Kordel gegen ein breites Gummiband austauschen und dieses so weit zusammenziehen, dass die eine Kapuzenhälfte einen „Taschenbeutel" bildet. Die Gummibandenden mit Nähten fixieren (siehe Skizze).
Bitte Nähtipps auf Seite 63 beachten.
Die Kapuze flach hinlegen, die hintere Naht liegt mittig, so, wie man sie aufsetzen würde. Die untere Hälfte ist flach, die obere durch den Gummizug gerafft. Die Rundung an der Knickkante markieren. Erst die eine Hälfte an der Linie auseinanderschneiden, dann die Kapuze andersherum falten.
Jetzt ist sie an der Mittelnaht zusammengelegt. Nun die zweite Hälfte der Rundung schneiden. Beide Teile übereinanderlegen, überstehende Seitenstücke abschneiden (siehe Skizze). Die Rundung am entstandenen Teil mit dem Schnittteil vergleichen, evtl. Schnittteil anpassen.

Im Folgenden alle nötigen Teile zunächst aufzeichnen, dann erst zuschneiden.

Mit 1 cm Nahtzugabe zuschneiden:

- 2-mal Schnittteil 6 aus dem Schulterbereich der Jacke. Dazu die Jacke jeweils im Schulterbereich ausbreiten und das Schnittteil auflegen (siehe Skizze).

Außerdem zuschneiden:

- 1-mal 24 x 36 cm mit Druckknopfkante an der breiten Seite (Nahtzugabe inklusive)
- 1 Streifen von 9 x 36 cm aus der Jacke als Ansatz für die mittlere Tasche (Nahtzugabe inklusive)
- 2-mal 21 x 8 cm aus den Jackenärmeln (mit den „Luftlöchern", d. h. den Ösen im Achselbereich) für das Zahnbürstenfach (Nahtzugabe inklusive), siehe Skizze
- 2-mal 3 x 7 cm aus Reißverschluss-Ansatzstücken (Nahtzugabe inklusive)
- 1-mal 13 x 36 cm aus der Jacke für das Reißverschlussfach (Nahtzugabe inklusive)
- 1-mal 9 x 28 cm aus der Jacke für das Reißverschlussfach (Nahtzugabe inklusive)
- 2 Streifen von 3,5 x 22 cm für den Griff (Nahtzugabe inklusive)

Zum Schluss mit 1 cm Nahtzugabe zuschneiden:

- 1-mal Innenseite (Rückseite für die Innenfächer): Dazu aus dem geraden Kapuzenschnittteil und aus den übrigen Jackenteilen ein Stück in der Größe und Form des entstandenen Außentaschenteils aus Streifen zusammensetzen.

Nähen

Für das Äußere der Rolle die beiden Schnittteile aus dem Schulterbereich aneinandernähen, sodass eine gelbe an eine blaue Fläche trifft. Die Nahtzugaben in eine Richtung streichen und absteppen. Das Teil eben ausbreiten, Falten, die sich aufgrund des Raglan-Ärmelteils bilden, mithilfe von Foldback-Klammern fixieren.

Mittleres Fach: Den Ansatzstreifen (gelb oben) und das Druckknopfteil zusammennähen, in eine Richtung streichen und absteppen.

Zahnbürstenfach: Die Teile für das Zahnbürstenfach mit der gelben Seite nach außen an der Ösenseite zusammennähen, Naht auseinanderstreichen und beidseitig der Naht absteppen. Obere Kante schmal ein- und umschlagen und absteppen. Mit 3 cm Abstand an beiden Seiten je eine Falte legen und am Rand mit einer Naht fixieren, die fertige Breite ist 36 cm. Diesen Streifen mittig auf das mittlere Fach nähen, dazu die Nahtzugabe an der Unterkante einschlagen und das Fach seitlich sowie unten feststeppen.

Die Nähte an dem vorbereiteten Stück für die Innenseite (Rückseite der Innenfächer) jeweils in eine Richtung streichen, damit die Nahtzugabe flach liegt.

Das Mittelfach nun auf diese Innenseite nähen, wieder die Nahtzugabe der Unterkante einschlagen und rundherum aufnähen.

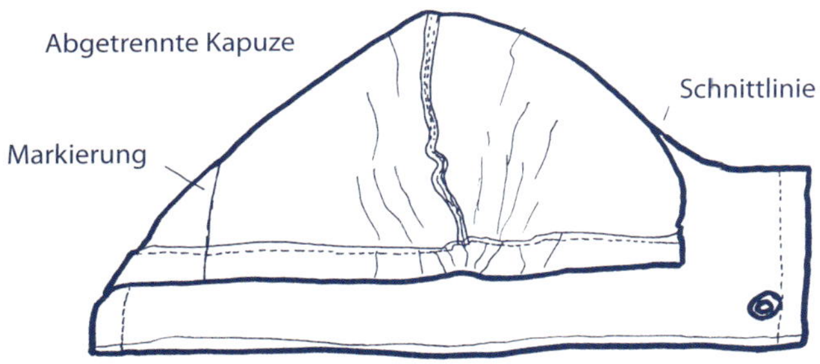

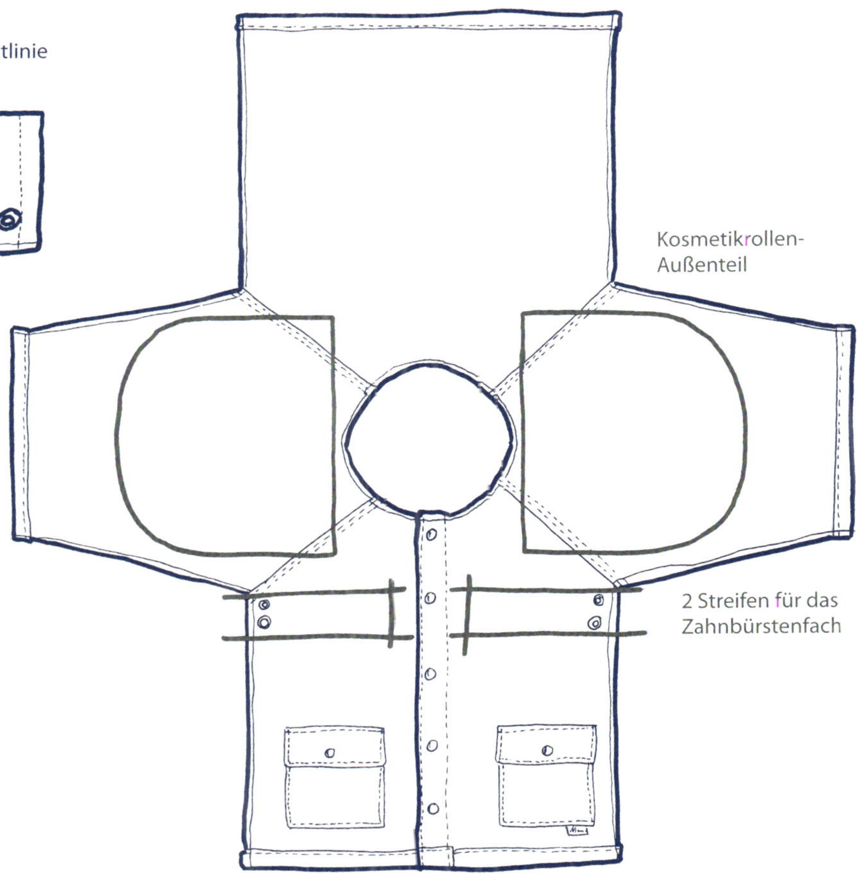

Für das Kapuzenfach das Kapuzenteil mit Gummizug auf den unteren Bogen der Innenseite legen, mit Klammern fixieren und schmalkantig aufnähen.

Reißverschlussfach: Am Reißverschlussende jeweils ein Reißverschluss-Ansatzstück mit eingeschlagener Nahtzugabe aufnähen (gelbe Seite oben). Die beiden vorbereiteten Schnittteile mit eingeschlagener Nahtzugabe am Reißverschlussstreifen annähen (blaue Seite oben), das kleinere Teil oben – einen Reißverschlussfuß verwenden, langsam und nicht in die Reißverschlusszähne nähen. Das Fach nun an den oberen Bogen der Rolleninnenseite legen, was übersteht, abschneiden. Das Reißverschluss-Fach mit eingeschlagener Unterkante rundherum aufnähen.

Für den Griff die seitlichen Nahtzugaben der beiden Streifen einschlagen, mit Klammern fixieren und an den Seiten zusammennähen – eine Seite sollte gelb, eine blau sein. Handgriff oben mittig mit 10 cm Abstand zwischen beiden Enden auf der rechten Seite des Außenteils annähen, die offenen Kanten zeigen dabei nach innen. Seite so wählen, dass ein Kontrast entsteht.

Den festen Teil der Schnalle auf 20 cm Gurtband ziehen. Diesen doppelt gelegten Streifen und 50 cm Gurtband mit der offenen Kante nach innen oben mittig annähen. Falls die Nähmaschine Schwierigkeiten hat, alle Bandteile zu nähen, diese nebeneinander anbringen. Das lange Gurtband durch das zweite Schnallenteil stecken, das Ende mit Ein- und Umschlag abnähen.

Fertigstellen

Beide Teile (Außenteil und Innenseite mit Fächern) rechts auf rechts legen, mit Foldback-Klammern fixieren und rundherum zusammennähen. Jeweils von oben nach unten nähen. Im Kapuzenbereich und bei den vorher fixierten Raglannahtfalten können Unregelmäßigkeiten, die durch das starre Material entstehen, ausgeglichen werden. Von der Oberkante der Kapuzentasche bis etwa zur Rollenmitte eine Wendeöffnung aussparen. Wenden und die untere Rollenhälfte schmalkantig absteppen. Gummikordel so durch die Ösen ziehen, dass ein Kreuz entsteht. In die Schlaufen kann innen eine Zahnbürstendose, außen die Zahnbürste gesteckt werden.

ES WAR EINMAL EINE REGENJACKE

Kosmetiktasche

Regenjacken werden in Serie hergestellt, aber zur Kosmetiktasche umfunktioniert werden sie zum Unikat. Diese Jacke hat lange Zeit gegen Regen und Wind geschützt, nun ist sie ein dekoratives Schmuckstück.

Größe 36 x 24 cm **Schwierigkeitsgrad** ■

Material

- *Wende-Regenjacke (Ostfriesennerz), hier Größe 116*
- *30 cm Zweiwege-Reißverschluss, großzahnig (ggf. aus der Jacke)*
- *Grundmaterial (Seite 9)*

Vorbereiten

Den Reißverschluss aus der Jacke heraustrennen. Den unteren Teil der Regenjacke ca. 7 cm oberhalb der Tasche abschneiden (= zwei Jackenteile, siehe Skizze). Seitennähte und unteren Saum auftrennen. Die Knopfleiste abschneiden.

Zuschneiden

- 4 gleich große Teile von ca. 20 x 30 cm aus den Jackenteilen (Nahtzugabe inklusive)
- 1 Streifen von 8 x 18 cm aus Jackenstoff (z. B. vom Bündchen) für eine Schlaufe (Nahtzugabe inklusive)
- 2 Teile von ca. 4,5 x 4,5 cm aus Jackenstoff (vom Bündchen)
- 2 Streifen von 0,5 x 18 cm aus Jackenstoff für den Reißverschluss (vom Bündchen)

Nähen

Sichtbare Trennnahtlinien farblich passend übernähen, damit evtl. Löcher nicht mehr zu sehen sind. Größere Einschnitte mit Zickzackstich flicken.
Die vier Teile so zusammenstellen, dass sich vorn und hinten jeweils eine Jackentasche und auf jeder Seite die Innenfarbe (Blau) und Außenfarbe (Gelb) befindet.
Die Mittelnaht der Vorder- und Rückseite der Tasche schließen, Nahtzugaben in die Richtung der Hälfte ohne Taschenbeutel streichen und in passender Farbe absteppen – einmal in Gelb, einmal in Blau.
Die entstandenen Teile auf der Mittelnaht aufeinanderlegen und ggf. außen begradigen, damit zwei identische Taschenseiten entstehen.
Die offenen Reißverschlussenden mit einigen Nähten fixieren. An beiden Reißverschlussenden die 4,5 x 4,5 cm großen Teile mit eingeschlagener Nahtzugabe aufnähen. Bei der Zahnung des Reißverschlusses langsam nähen, damit die Nadel nicht bricht und der Reißverschluss nicht beschädigt wird, evtl. das Teil etwas schieben, damit die Nadel in den Stoffbereich sticht (Handrad der Nähmaschine verwenden).
Oberkanten beider Taschenteile mit Hilfe von Foldback-Klammern 1 cm umknicken und am Reißverschluss knappkantig annähen. Darauf achten, dass die Mittelnähte (blau/gelb) sich in der Mitte treffen.
Für die Schlaufe das Bündchenstück zur

Hälfte legen, 1 cm Nahtzugabe einschlagen und knappkantig zusammennähen. Zur Verzierung weitere Steppnähte in Gelb und Blau anbringen. Zur Schlaufe legen und mit 4 cm Abstand zur oberen Ecke, mit den offenen Kanten nach innen seitlich auf der rechten Seite annähen (siehe Foto). Reißverschluss etwas öffnen. Taschenteile rechts auf rechts legen (untere Mitte beachten) und an den Seiten und unten zusammennähen. In den Ecken ein Dreieck abnähen, die Kantenlänge der Tasche ist 6 cm. Tasche wenden.

Fertigstellen

Die beiden 0,5 cm breite Streifen durch die Reißverschluss-Schieber stecken und mit einigen Stichen festnähen.

Nähtipps

Bei Modellen aus Regenjacken (siehe auch Kosmetikrolle, Seite 54) stets eine Jeansnadel verwenden. Steppnähte mit Stichlänge 3,5 arbeiten und an dickeren Stellen sehr langsam, evtl. mit Handrad, nähen.

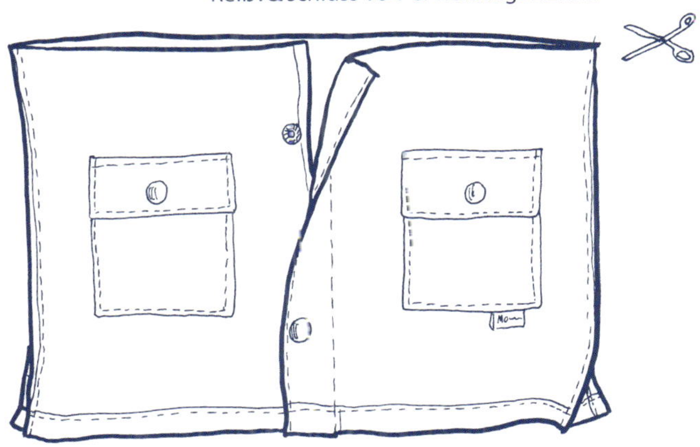

FÜR BADE-FREUDEN

Badetasche

Gerade auf Frotteehandtüchern waren solche Muster früher sehr beliebt. Sogar auf Badfliesen, Tapeten und auf Vorhängen waren sie zu finden. Heute ist dieser Retrolook wieder angesagt.

Größe 42 cm hoch, 58 cm breit, 16 cm tief **Schnittteil** 7 auf Bogen B **Schwierigkeitsgrad** ■

Material

- *Frotteehandtuch im Retromuster*
- *40 cm gemusterter Stoff*
- *40 cm gestreifter Stoff*
- *16 x 44 cm Köperstoff oder Jeansrest*
- *16 x 44 cm Futterstoff*
- *14 x 42 cm Verstärkungsvlies (z. B. Vliesline Decovil Light)*
- *1,80 m Synthetik-Kordel (hier in Blau) oder ein altes Springseil*
- *2-mal 0,80 cm Synthetik-Kordel (hier in Orange) oder ein altes Springseil*
- *ca. 1,10 m Schrägband für die Innenkante*
- *Grundmaterial (Seite 9)*

Vorbereiten

Die Enden der Kordeln über einer Flamme schmelzen, um sie zu sichern, dabei für gute Belüftung sorgen.

Zuschneiden

- 2-mal 30 x 40 cm aus Frotteehandtuch (Nahtzugabe inklusive)
- 2-mal 27 x 40 cm aus gemustertem Stoff (Nahtzugabe inklusive)
- 4-mal 9 x 40 cm aus (längs) gestreiftem Stoff (Nahtzugabe inklusive)
- Bundstreifen: 2 Streifen à 9 x 40 cm, gemustert, 2 Streifen à 9 x 21 cm, (quer) gestreift (Nahtzugabe inklusive)

Mit 1 cm Nahtzugabe zuschneiden:

- 1-mal Bodenschnittteil 7 aus Köperstoff
- 1-mal Bodenschnittteil 7 aus Frotteestoff (Futter)

Ohne Nahtzugabe zuschneiden:

- 1-mal Bodenschnittteil 7 aus Verstärkungsvlies

Nähen

Frotteeteile rundherum mit Zickzackstich versäubern. Die Stoff- und Frotteeteile zur Taschenaußenseite laut Skizze zusammennähen: geblümt, gestreift, Frottee, gestreift, geblümt, gestreift, Frottee, gestreift – und an dem geblümten Streifen den Ring schließen. Dazu die Stoffteile jeweils links auf links aufeinanderlegen, mit 0,5 cm Abstand zur Kante zusammennähen, auseinanderbügeln. Dann die Teile jeweils rechts auf rechts legen und mit 0,75 cm Nahtzugabe absteppen. Offene Kanten verschwinden so in der Naht. Nahtzugabe in eine Richtung streichen oder bügeln und absteppen. Offene Oberkanten mit Zickzackstich versäubern.

Für den Boden zwischen Köperstoff und Futterstoffteil das Vlies legen, feststecken und mit zum Retromuster passenden Nahtlinien (z. B. im Blattmuster) zusammensteppen (quilten, siehe Foto). Den Rand mit Zickzackstich versäubern.

Seitlich das untere Taschenteil einkräuseln, der Frotteebereich bleibt glatt. Dazu mit 0,8 cm Abstand zur Kante in großen Stichen und ohne Oberfadenspannung rundherum nähen, Fäden lang hängen lassen. An allen vier Seiten des Taschenbeutels und auf dem Bodenstück die Mitten markieren. Durch das Ziehen an den Unterfäden rafft sich der Stoff zusammen, die Kräusel gleichmäßig verteilen und rechts auf rechts am Boden feststecken. Die untere Kante nähen, dabei liegt die Kräuselseite oben und die Naht verläuft mit 1 cm Nahtzugabe neben der Kräuselnaht. Kräuselgarn evtl. herausziehen.

Die offene Kante mit Zickzackstich versäubern und mit Schrägband einfassen. Dafür eine Seite des Schrägbandes annähen, die Bandenden überlappen lassen und das obere Ende nach innen umschlagen. Dann das Band um die Kante legen, mit eingeschlagener Nahtzugabe feststecken und festnähen.

Aus den Bundstreifen an die obere Kante einen Tunnel für die Kordeln nähen. Zunächst alle Streifen aneinandernähen, dabei gemusterte und gestreifte Teile abwechseln: je Naht 1,5 cm nähen, 2 cm für die Öffnung aussparen, restliche 5,5 cm wieder nähen, Enden gut versäubern.

Alle Ansatznähte auseinanderbügeln und beidseitig der Naht absteppen. Den Streifen rundherum rechts auf rechts an der oberen Kante feststecken und annähen. Alle Öffnungen für die Kordeln sollten nach dem Hochklappen außen liegen. Am Bundstreifen 1 cm Nahtzugabe umschlagen, zur Hälfte herunterklappen und von hinten an der Taschenoberkante feststecken. Unterkante vom Bund auf der rechten Seite schmalkantig annähen und die Oberkante absteppen.

Fertigstellen

Die lange Kordel durch die beiden seitlichen Tunnel ziehen, die beiden kürzeren durch den vorderen und hinteren.

Die Enden der Kordeln mit der Hand, jeweils in Kordelfarbe zusammennähen, sie verschwinden so leicht im Tunnel.

WEICHE SCHALE FÜRS NOTEBOOK

Notebookhülle

An der gern getragenen Softshelljacke ist der Reißverschluss kaputt! Das ist ärgerlich, aber dafür entsteht eine feine Tasche für das neue Notebook. Ein solches Stück hat nicht jeder!

Größe für ein Notebook von 34,5 x 23 x 3 cm **Schnittteile** 8A+B auf Bogen B **Schwierigkeitsgrad** ■

Material

- *Jacke aus Softshell oder ähnlich festem Material*
- *12 cm Klettband zum Aufnähen*
- *Grundmaterial (Seite 9)*

Vorbereiten

Aus der Jacke den Reißverschluss heraustrennen. Die Blende, die Ärmel und den Kragen abtrennen (siehe Foto).

Zuschneiden

- Für die Klappe der Hülle die Stepp- und Seitennähte des Kragens auftrennen und an beiden Seiten kürzen, sodass der Kragen nun 40 cm lang ist. Die Seitennähte mit 1 cm Nahtzugabe wieder schließen und wie am Originalkragen absteppen, der Streifen ist nun 38 cm lang.
- Die Reißverschlussblende auf 41 cm kürzen (evtl. Rundungen abschneiden).

Mit 1 cm Nahtzugabe zuschneiden:

- 1-mal Schnittteil 8A aus Jackenvorderteil mit Reißverschlusstasche (für Vorderteil Hülle)
- 1-mal Schnittteil 8B aus Jackenrückteil, oben (für Rückteil Hülle)
- 1-mal 53,5 x 39 cm aus Jackenrückteil, unten (für das Futter); ggf. mit Ärmelstücken ergänzen

Nähen

Die Stücke aus den Jackenteilen für die äußere Hülle zusammennähen. Die Nähte jeweils in eine Richtung streichen und absteppen.

Die Außenhülle mit der rechten Seite nach oben hinlegen, mittig an der im Schnittteil 13A angegebenen Kante den Kragenstreifen rechts auf rechts und mit der geschlossenen Kante nach innen auflegen. Obenauf nun das Futterstück mit der weichen Seite nach innen auflegen. Der Kragenstreifen liegt nun zwischen Außenhülle und Futter und die Nahtzugaben sind bündig. Die Kante mit Kragenstreifen absteppen.

Die Reißverschussblende an der gegenüberliegenden Futterseite rechts auf rechts (weiche Futterseite) annähen.

Den gesamten Taschenstreifen zur Probe falten und die Knickpunkte an beiden Seiten, am Außen- und Futterstoff mit Stecknadeln markieren (siehe Skizze a).

Nun wie folgt falten:

1. Futterteil rechts auf rechts legen, d.h., die weichen Stoffseiten liegen aufeinander (siehe Skizze b). (Es entsteht an der Blende eine Öffnung zum Wenden.)
2. Außenteil Hülle rechts auf rechts legen.
3. Beide Taschenhälften (Futter und Außenhülle) übereinanderklappen, die Kante mit der Klappe (Kragen) liegt außen, die Blende innen (siehe Skizze c).

Seitennähte schließen, zweifach nähen.

Fertigstellen

Die Notebookhülle wenden und die Blende auf der vorhandenen Steppnaht annähen. Klettbandstreifen (2 x 6 cm) annähen, die Flauschseite an die Klappe, die Hakenseite an die Blende.

Tipp: Ist die Jacke zu dünn oder soll die Tasche mehr Schutz bieten, für das Futter noch eine Schicht Vlies einnähen. Das Vlies auf das Futterstück aufbügeln (Vorsicht bei Synthetikmaterial, an Stoffrest probieren) oder mit Steppnähten fixieren.

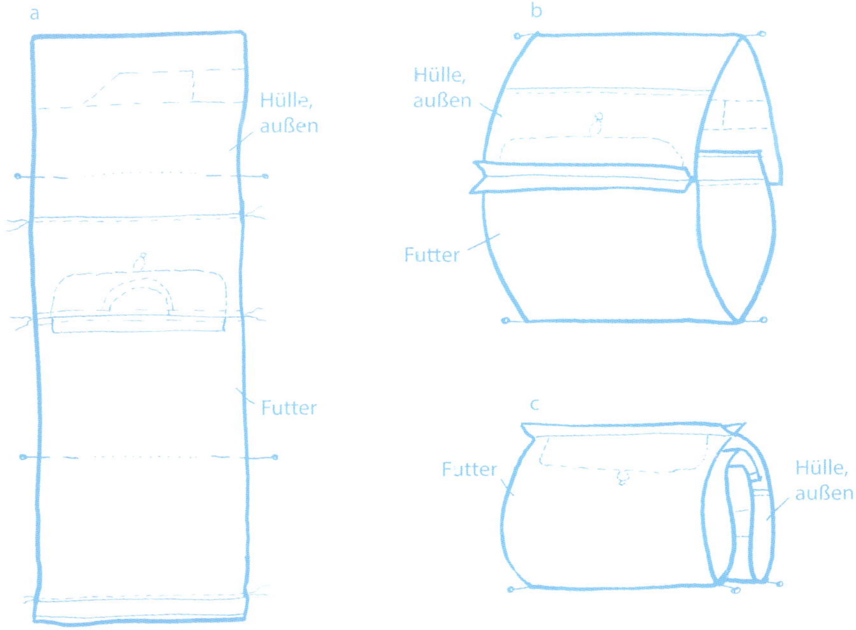

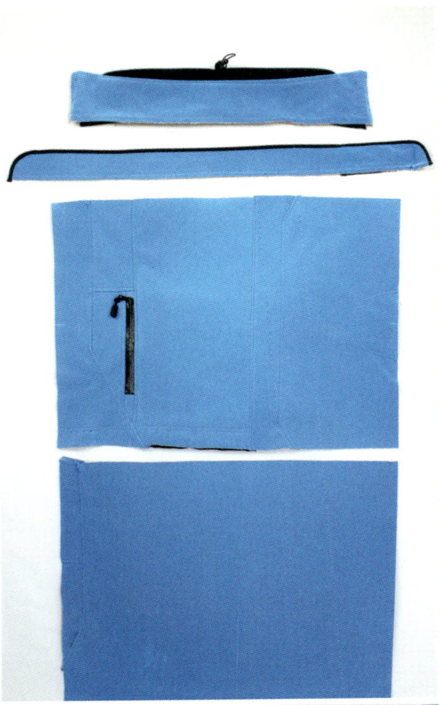

VOM
HEMD ZUR
TASCHE
Knopfleistentasche
VÄSKA

Zu dieser Tasche im Streifendesign kann jeder aus der Familie ein Stück beisteuern: ein rosa Hemd, von der Mode überholt, das Hemdblusenkleid, das mittlerweile viel zu knapp ist oder das Hemd mit Fleck und Loch.

Größe 28 cm hoch, 35 cm breit, 8 cm tief, Trägerlänge max. 1,35 m **Schnittteile** 9A + B auf Bogen A **Schwierigkeitsgrad** ■ ■

Material

- *ca. 4 Blusen/Hemden/Kleider mit Knopfleisten*
- *45 cm Leinen*
- *45 cm Futterstoff, hier in Beige mit Tupfen*
- *30 cm Volumenvlies (z. B. Vlieseline Thermolam)*
- *30 cm stabile Einlage zum Aufbügeln (z. B. Vlieseline Decovil I Light)*
- *25 x 30 cm dünnes Vlies zur Verstärkung (z. B. Vlieseline H 250)*
- *2 kleine oder 1 größerer Taschenbeutel von Bluse/Hemd*
- *kontrastfarbener Stoffrest, je nach Taschengröße etwa 20 x 30 cm (Innentasche)*
- *1,70 m Gurtband mit passenden Riegeln und Schlaufen*
- *ca. 1,50 m Zierstreifen*
- *2 Vliesreste à 3 x 3 cm*
- *Magnetdruckknopf, Klettbandverschluss*
- *Grundmaterial (Seite 9)*

Vorbereiten

Schnittteile herstellen (Seite 7).

Knopf- und Knopflochleisten von Hemden, Blusen o. Ä. mit 1 cm Nahtzugabe abschneiden.

Ein oder zwei Hemd- oder Blusenteile mit aufgenähten Taschen ausschneiden.

Zuschneiden

- Je 1 Streifen von 77 x 8 cm aus Leinen und aus Futterstoff (1 cm Nahtzugabe inklusive)

Mit 1 cm Nahtzugabe zuschneiden:

- 1-mal Schnittteil 9A für das Klappenfutter aus Leinen
- Je 2-mal Schnittteil 9B aus Leinen und aus Futterstoff (Vorder- und Rückseite)

Ohne Nahtzugabe zuschneiden:

- 1-mal Schnittteil 9A für die Taschenklappe aus Volumenvlies
- 1-mal Schnittteil 9A für die Taschenklappe aus Verstärkungsvlies
- Je 2-mal Schnittteil 9B aus Volumenvlies und aus stabiler Einlage (Vorder- und Rückseite)
- Je 1 Streifen 6 x 75 cm aus Volumenvlies und aus Verstärkungsvlies

Nähen

Taschenklappe: Knopfleisten unregelmäßig nebeneinander so auf dem Volumenvlieszuschnitt anordnen, dass die seitlichen Nahtzugaben der Streifen verdeckt und mit eingenäht werden. Knöpfe sollten nicht auf den Nahtlinien liegen.

Steht die Reihenfolge fest, die Knopfleisten von einer Seite beginnend auf das Vliesstück nähen. Rundherum sollten die Streifen gleichmäßig etwa 1 cm überstehen, unten und oben zum Schluss abschneiden. Zur Verschönerung einige Zierstreifen aufnähen.

Den Futterstoff mit dünnem Vlies verstärken, mit Nähten in unregelmäßigen Abständen und verschiedenen Farben absteppen. Den Bereich des Magnetdruckknopfs zusätzlich mit einem Vliesrest verstärken. Beide Klappenteile rechts auf rechts übereinanderlegen. An den äußeren Kanten zusammennähen, wenden. Einen Teil des Magnetdruckknopfes mittig mit ca. 1,5 cm Abstand zur Kante anbringen. Offene Kanten zusammen versäubern.

Alle Teile für die Außentaschen mit Volumenvlies zusammenstecken und die Schichten, mit Nähten verbinden, siehe Klappenfutter. Die Futterteile von links mit dünnem Verstärkungsvlies hinterbügeln.

Innentasche: An die Teile mit Taschen rechts, links und ggf. mittig zwischen beide einen ca. 4 cm breiten Streifen kontrast-

farbenen Stoff nähen (siehe Skizze).
In der Größe des entstandenen Taschenteils ein Stoffstück schneiden, beide Teile rechts auf rechts, bis auf eine 3 cm lange Wendeöffnung, zusammennähen. Tasche wenden und an der oberen Kante absteppen. Mittig die Flauschseite des Klettverschlusses annähen. Die Klett-Hakenseite am Futterteil annähen. Das Teil mit den Taschen auf das Futterteil stecken und an drei Seiten festnähen.
Die folgenden Nähte der Außentasche doppelt nähen und mit Zickzackstich versäubern. Den Seitenstreifen der Außentasche an Vorder- und Rückseite stecken und zusammennähen. Ebenso mit den Futterteilen verfahren, allerdings eine ca. 12 cm lange Wendeöffnung aussparen. Gurtbänder an der Oberkante des Seitenteils von rechts annähen, sodass sie beim

Zusammennähen der Tasche mit eingefasst werden. Rechts ein 10 cm langes Stück, auf das eine Schlaufe gesteckt ist, links das restliche Gurtband, jeweils mit den offenen Kanten an der Nahtzugabe (2 cm überstehen lassen), mit einigen Nähten fixieren.

Fertigstellen

Futtertasche auf rechts drehen, in die auf links gedrehte Außentasche stecken und an der oberen Kante zusammennähen, die Kante mit Zickzackstich versäubern, dann die Tasche wenden. Position für den zweiten Teil des Magnetdruckknopfes suchen, dazu die Tasche umhängen. Durch die Wendeöffnung den Bereich für den Druckknopf mit einem Vliesrest verstärken und den zweiten Teil des Magnetdruckknopfes anbringen. Die Wendeöffnung schließen.

Badetasche

FRÖHLICH AUCH BEI REGEN

Ob Dinosaurier oder Hunde – so eine witzig gemusterte Kinder-Regenjacke wird ruck, zuck zur perfekten Badetasche. Aus dem Kragenstück mit Kapuze wird hier die Innentasche.

LUST AUF M

Rucksack

AUF WANDERSCHAFT

So eine Hose, Bestandteil der Zimmermannskluft, legt in ihrem ersten Leben viele Kilometer zurück, denn wandernde Zimmerleute sind Jahre unterwegs. Doch auch im zweiten Leben als Rucksack werden einige Kilometer dazukommen.

KRAWATTE ERWÜNSCHT Handtasche

Krawatten haben oft sehr spezielle Muster, die sonst kaum zu finden sind. Schadhafte Stellen oder Flecken lassen sich durch geschickte Anordnung gut verstecken.

EHR?

Die Anleitungen zu diesen Modellen können Sie bestellen
telefonisch unter: +49(0) 7623 964 155 oder
per E-Mail: bestellservice@o2-verlag.de

HEMDEN ZUM WENDEN Shopper mit Tasche zum Anknöpfen

Karierte Arbeitshemden sind an bestimmten Stellen irgendwann abgenutzt, aber sie werden immer daran erinnern, dass sie dabei waren: im Sommerhaus, im Garten, beim Renovieren ...

Impressum
Entwürfe und Realisation: Siegrid Reinelt
Redaktion: Claudia Schuh
Lektorat: Regina Sidabras
Fotos: Florian Bilger
Styling: Kerstin Robbin
Arbeits- und Materialfotos: Siegrid Reinelt
Skizzen: Siegrid Reinelt
Vorlagen: Claudia Schmidt
Satz und Gesamtgestaltung: GrafikwerkFreiburg
Repro: Meyle + Müller GmbH & Co. KG, Pforzheim
Druck und Verarbeitung: Himmer AG, Augsburg

ISBN 978-3-8410-6235-2
Art.-Nr. OZ6235

Dank der Autorin
Ein herzliches Dankeschön an alle, die mich mit Rat und Tat unterstützt haben.

Autorin und Verlag danken außerdem diesen Firmen für die Unterstützung mit Material:
- AS Bekleidungswerk GmbH
  www.modas-fashion.de
- Buttinette TextilVersandhaus GmbH
  www.buttinette.de
- Freudenberg Vliesstoffe SE + Co. KG
  www.vlieseline.de
- FHB original GmbH & Co. KG
  www.fhb.de
- Funfabric.com
  www.funfabric.com
- Kurt Frowein GmbH & Co. KG
  www.kurtfrowein.de
- Prym Consumer GmbH
  www.prym-consumer.com
- Meterweise Stoffe aus Naturfasern
  www.meterweise-stoffe.de
- Sanetta Gebrüder Ammann GmbH & Co. KG
  www.sanetta.de
- Siebenblau
  www.siebenblau.de
- Stickhand
  www.stickhand.de
- Westfalenstoffe AG
  www.westfalenstoffe.de